金融发展影响中国经济潜在增长率的机制、效应及政策研究

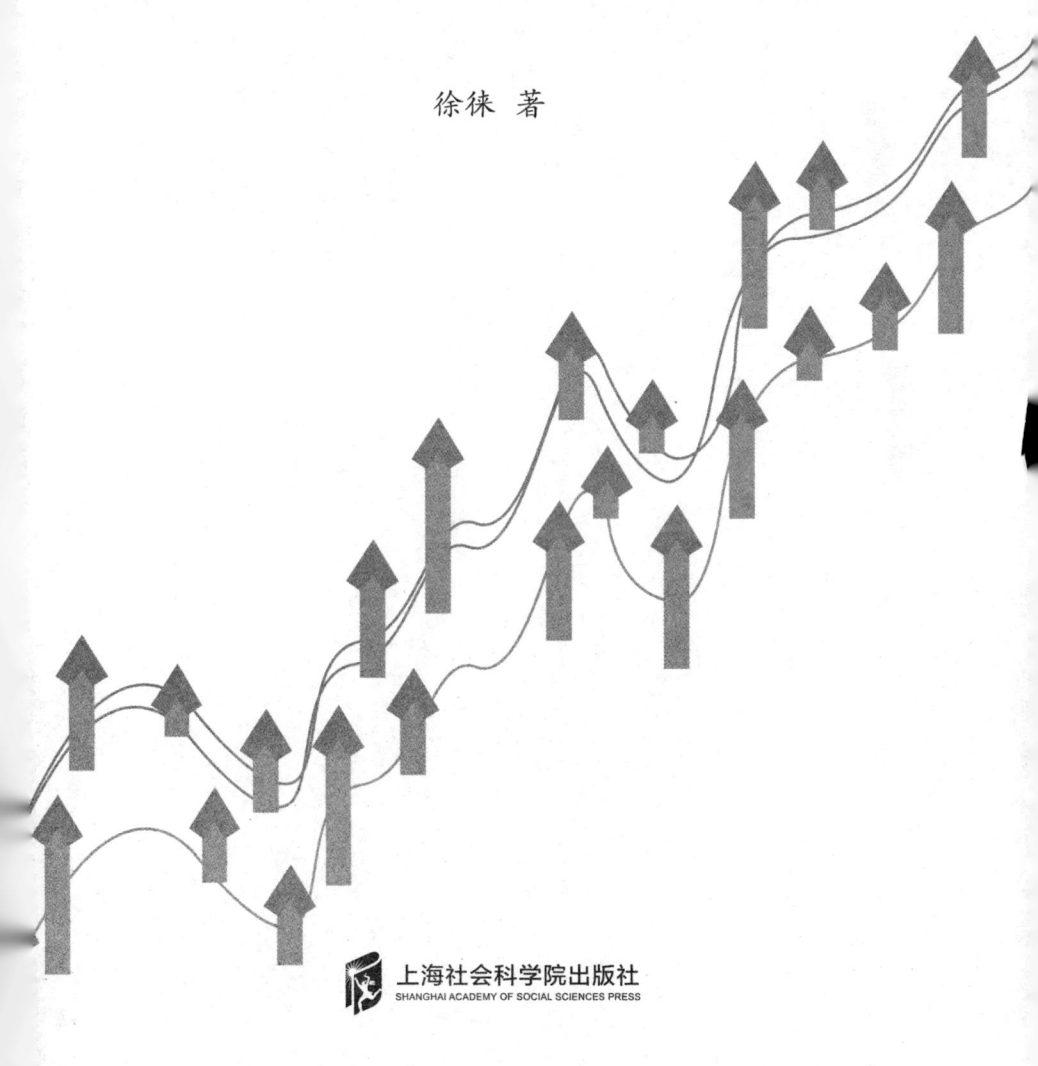

徐徕 著

上海社会科学院出版社
SHANGHAI ACADEMY OF SOCIAL SCIENCES PRESS

目 录

第一章 绪论 ··· 1
第一节 研究背景 ······································· 1
第二节 主要研究内容 ··································· 3
第三节 研究思路与方法 ································· 6
一、研究思路 ·· 6
二、研究方法 ·· 6
三、本书的创新与不足 ···································· 7

第二章 文献综述 ·· 9
第一节 经济潜在增长率的研究综述 ······················· 9
一、经济潜在增长率的内涵 ································ 9
二、经济潜在增长率的测度 ································ 11
第二节 金融发展影响经济潜在增长率的理论综述 ·········· 17
一、金融结构对经济潜在增长率的影响 ······················ 19
二、金融发展水平对经济潜在增长率的影响 ·················· 21
三、金融周期对经济潜在增长率的影响 ······················ 24
四、金融资源空间配置效率对经济潜在增长率的
　　影响 ··· 26
第三节 现有研究的评述 ································ 30
一、已有研究的不足 ······································ 31

二、本书的努力方向 …………………………………… 33

第三章　金融发展影响中国经济潜在增长率的事实 …… 35
第一节　中国金融发展的特征及其指标变化 …………… 35
一、金融资产规模 ……………………………………… 35
二、社会融资规模 ……………………………………… 35
三、货币化比率 ………………………………………… 36
四、金融深化程度分析 ………………………………… 37
五、融资结构分析 ……………………………………… 39
第二节　中国经济潜在增长率的估计及变化趋势 ……… 41
一、中国总体经济潜在增长率的估计及变化趋势 …… 41
二、中国区域经济潜在增长率的估计及变化趋势 …… 43
第三节　中国金融发展与经济潜在增长率变化的
　　　　　同步性特征 ………………………………… 45
一、中国金融发展的起落与经济增速的快慢调整
　　保持步调一致 …………………………………… 45
二、中国各地区金融发展水平与区域经济潜在
　　增长率正相关 …………………………………… 46
三、中国私人部门杠杆率过高可能会降低经济
　　潜在增长率 ……………………………………… 46
第四节　金融发展与经济潜在增长率的互动过程 ……… 47

第四章　金融发展影响经济潜在增长率的理论机理 …… 52
第一节　引言 ………………………………………………… 52
第二节　基本模型 …………………………………………… 54

一、家庭部门 …………………………………………… 54
　　二、厂商部门 …………………………………………… 54
　　三、金融部门 …………………………………………… 55
　　四、技术研发部门 ……………………………………… 56
　　五、教育部门 …………………………………………… 57
　第三节　最优均衡结果 …………………………………… 58
　　一、动态最优化分析 …………………………………… 58
　　二、经济增长稳态结果 ………………………………… 61
　第四节　数值模拟及比较分析 …………………………… 63
　　一、数值模拟过程 ……………………………………… 63
　　二、与其他模型的比较分析 …………………………… 80
　第五节　总结性评述 ……………………………………… 84

第五章　包含金融因素的经济潜在增长率测度模型 …… 86
　第一节　引言 ……………………………………………… 86
　第二节　包含金融因素的中国经济潜在增长率估计 …… 89
　　一、模型构建及估计过程 ……………………………… 89
　　二、包含金融因素的中国经济潜在增长率的估计
　　　　结果 ………………………………………………… 95
　　三、模型实时稳定性分析 ……………………………… 102
　第三节　包含信贷因素的国际经济潜在增长率估计 …… 106
　　一、估计结果 …………………………………………… 107
　　二、实时稳定性分析 …………………………………… 110
　　三、信贷因素对各国产出缺口的影响 ………………… 113
　第四节　结论及政策含义 ………………………………… 122

第六章 金融发展提升经济潜在增长率的决定因素 …… 124
第一节 引言 …………………………………………… 124
第二节 金融发展提升中国经济潜在增长率的决定
因素:省级层面的证据 …………………………… 125
一、包含金融因素的经济潜在增长率在中国省级
层面的估计结果 ……………………………… 125
二、变量选取及模型构建 ………………………… 131
三、实证结果分析 ………………………………… 132
第三节 稳健性分析:跨国层面的证据 ………………… 136
第四节 总结性评述 …………………………………… 139

第七章 金融结构对中国经济潜在增长率的影响 ……… 141
第一节 引言 …………………………………………… 141
第二节 最优金融结构对中国经济潜在增长率的
影响 ……………………………………………… 145
一、模型设定 ……………………………………… 145
二、变量选取和数据说明 ………………………… 146
三、实证结果分析 ………………………………… 148
四、稳健性检验 …………………………………… 151
第三节 融资结构对中国经济潜在增长率的影响 …… 154
一、模型设定 ……………………………………… 155
二、变量选取和数据说明 ………………………… 158
三、实证结果分析 ………………………………… 159
四、稳健性检验 …………………………………… 163
第四节 结论及政策含义 ……………………………… 168

第八章　金融发展提升中国经济潜在增长率的政策研究 …… 170

第一节　完善包含金融稳定目标的宏观经济政策管理框架 …… 170
一、构建平稳健康发展的房地产市场 …… 170
二、将金融稳定目标纳入货币政策框架 …… 172
三、强化财政政策的逆周期调控功能 …… 173

第二节　持续推进金融结构优化，助力金融业服务实体经济 …… 175
一、构建多层次资本市场和长期资本供给机制 …… 175
二、提升银行体系综合经营能力和服务实体经济能力 …… 177
三、保持金融发展与区域产业结构演进的协调性 …… 180

第三节　重视金融发展提升经济潜在增长率的决定因素 …… 183
一、推进现代化制度建设支持金融发展提升经济潜在增长率 …… 184
二、在开放环境下促进金融发展提升经济潜在增长率 …… 184
三、实现金融发展提升经济潜在增长率需要充足的人力资本供给 …… 185

第九章　结论 …… 186

参考文献 …… 190
后　记 …… 206

第一章
绪　论

第一节　研究背景

中国经济自改革开放以来经历了40多年的快速发展阶段，在2008年全球经济危机后增长速度明显放缓。历次金融危机再三证明金融运动不仅影响经济波动幅度还影响经济长期发展趋势。此次危机后中国经济逐渐呈现出新常态。在这个阶段内，中国经济从高速增长转为中速增长，经济增长动力要从要素驱动转为创新驱动，经济结构需要不断优化升级。这就要求研究者们不能只关注经济发展的现状，更要关注经济发展的长期趋势，因此研究点应该聚焦于经济潜在增长率。

新常态下中国经济经过了痛苦的调整期，逐渐实现再平衡，投资率和出口依存度下降，消费成为经济增长的主要支柱。前期金融抑制政策为经济增长带来的高储蓄—投资转化率、人为压低的资金成本、政府的隐形担保逐渐耗尽，金融抑制导致的效率低下弊端逐渐暴露。此次金融危机后中国实体经济低迷，金融业却迎来上升周期，直到2016年才有见顶态势，金融周期和经济周期运行轨迹相反。在此期间中国金融业发展脱实向虚，大量闲置资金在金融系统内部空转，导致金融系统风险不断积聚。实体经济投资率不断下降、中小企业资金紧张与资产价格高企、金融业欣欣向荣形成鲜明对比。IMF依据私人部门贷款占GDP比重这一指标认为中国的潜在金融风险已经超过警戒值。高杠杆的背后是金融资源配置效率的低下。金融可谓经济运行的血液,要切实提高中国经济潜在增长率必然要从金融发展这一角度切入。

金融发展与经济增长历来都是经济学界的研究热点。金融发展和经济增长的相关研究,涉及经济增长理论、金融发展理论和发展经济学这几个领域。经济增长理论和发展经济学都是经济学的分支,而金融发展理论则是发展经济学的重要分支。经济增长理论在起初更关注经济增长速度本身,而发展经济学在起初是专门以发展中国家为研究对象,探寻发展中国家追赶发达经济体的理论。经济增长理论和发展经济学在互相争辩,互相汲取对方营养的发展道路上呈融合态势。经济增长理论也开始不仅仅关注经济增长,更将经济发展纳入研究范畴。发展经济学也不再仅仅以发展中国家为研究对象,而是将研究范畴扩展到所有经济体的发展上来。金融作为经济增长的重要源泉之一,其与经济增长理论有相似的发展轨迹。在金融发展理论正式形成之前,金融发展之于经济增长的研究伴随着资本积累对经济增长作用机制的研究而展开,虽然注意到了金融中介的作用,但是此时并没有单独将金融因素提取出来进行研究。学界对金融的理解从货币和资本逐渐变为金融机构和金融系统,金融的内涵在不断丰富,在经历了基于经济增长理论探讨金融因素的作用的长期沉淀后,逐渐衍生出专门研究金融对经济增长影响的金融发展理论。随着内生增长理论的出现,金融发展理论与经济增长理论逐渐融合,此时出现了将许多增长源泉纳入内生增长理论框架下的研究,金融也不例外。金融作为经济体内生增长动力,通过复杂经济活动影响着经济长期增长路径。

经济潜在增长率是宏观经济运行的重要指标,其变化趋势一般借助潜在产出或产出缺口来判断。但是传统的经济潜在增长率测度方法在2008年危机来临前夕并未给出有效预警。可见传统的经济潜在增长率测算方法在提前预测经济走势上有所欠缺,在金融周期深刻影响经济周期的当下,运用包含金融因素的经济潜在增长率测度模型对中国经济发展趋势进行研究很有必要。在这方面,发达国家的央行、国际货币基金组织(IMF)和国际清算银行(BIS)比较领先,主要成果是Borio(2013,2014),此后国外央行工作论文可见有运用此模型进行的探索。如Melolinna和Toth(2016)尝试在英国经济潜在增长率测度模型中纳入金融因素。中国学者在金融经济周期理论的基础上,也进行了一些有益探索。代表性研究有陈昆亭(2011)、刘元春和杨丹丹(2016(30),2016(8))、彭文生和张文朗(2017)等。国内关于金融因素对经济增长作用的实证研究大都在动态随机一般均衡模型(DSGE)框架下进行,刘兰凤和袁申国(2012)、王国静和田国强(2014)都基于DSGE模型证明了金融冲击是中国经济波动的来源。但是国内关于将金融因素纳入经济潜在增长率测算模型,增强产出缺口预示金融风险能力的研究还比较匮乏。在金融经济周期特征愈发明显的当下,将金融发展视作影响经济潜在增长率的根本动力来研究不仅是金融发展理论与经济增长理论核心内涵之所在,更是中国经济步入新常态后的根本需要。

第二节　主要研究内容

本书主要研究内容如下:

第一章是绪论部分。本章阐述选题研究背景,探讨了本研究的理论意义和现实意义。概括了研究的主要内容,并介绍了本书的研究思路和方法。最后总结了本书的创新之处和不足。

第二章是文献综述部分。该部分先就经济潜在增长率的内涵和测度方法进行梳理，再根据金融发展影响经济潜在增长率的作用机制归纳了金融发展影响经济潜在增长率的文献。

第三章分析了中国金融发展状况并用 HP 滤波法估计中国总体经济潜在增长率和地区经济潜在增长率。通过对中国金融发展总体状况和经济潜在增长率进行综合分析，发现中国经济周期与金融周期之间、区域金融发展与区域经济潜在增长率之间以及杠杆率和经济增速之间都有着密切联系。

第四章借助数理模型来论证金融发展对经济潜在增长率的作用，为后文的研究奠定了理论基础。该章基于内生增长理论将金融部门纳入经济增长模型，分析金融发展影响经济增长的机理。模型分析显示经济潜在增长率与金融发展水平、金融部门劳动力生产率、金融部门支持研发部门的生产效率成正相关，且不包含金融发展支持研发渠道的经济体的潜在增长率要低于包含金融发展支持研发渠道的经济体的潜在增长率。

第五章则致力于构建包含金融因素的经济潜在增长率测度模型。该部分基于最新的金融周期理论成果，将金融因素纳入经济潜在增长率测度模型，得到了统计意义显著的产出缺口结果，较普通 HP 滤波下的产出缺口而言更有现实指导意义。该章不仅以中国为样本分析该模型的效果，也将该模型应用于美、英、日、巴西和印度的跨国样本数据进行国际对比研究。

第六章根据第五章的模型估算包含金融因素的经济潜在增长率来研究包含金融因素的经济潜在增长率的实证研究价值并探寻促进金融发展提升经济潜在增长率的决定因素。以往研究常将金融发展与经济增长放在等号的两端，借助包含金融因素经济潜在增长率则可以直接研究金融发展提升经济潜在增长率的先决条件。该章分别用包含和不包含金融因素的经济潜在增长率做被解释变量构建面板回归模型,并基于中国省级层面数据和跨国样本数据分别进行比较分析。首先测度中国省级层面和 19 个国家的包含金融因素的经济潜在增长率,然后分别将包含金融因素的经济潜在增长率和不包含金融因素的经济潜在增长率作为被解释变量,选取除金融以外的其他影响因素作为解释变量,对比两个模型的结果来重点观察当纳入金融因素后,模型的整体解释力度以及其他解释变量对经济增长的影响是否会有所不同。研究证实用包含金融因素的经济潜在增长率构建的计量模型解释力更强,并且当通过金融发展提升经济潜在增长率时,其他的非金融关键要素如物质资本、人力资本、技术、制度环境、收入分配公平程度、开放程度也起着重要作用。

第七章从金融结构出发挖掘金融发展与经济潜在增长率之间的深层次链接,关键是一国金融结构要与产业结构相匹配。在明晰了金融结构与经济潜在增长率之间存在非线性关系的基础上,借助面板门槛模型,依据中国市级层面和省级层面数据论证了未来中国优化金融结构的方向是发展资本市场。目前中国实际金融结构是左偏于最优金融结构的,高质量的居民生活水平是发展资本市场的保证,发展资本市场、优化金融结构是提升中国经济潜在增长率的必然要求。

第八章是政策建议,保持金融发展与经济增长步伐协调,依靠高效的金融资源配置机制服务实体经济是实现金融发展提升经济潜在增长率之关键所在。从构建现代化的金融体系、优化金融结构、服务实体经济,重视金融发展提升经济潜在增长率的先决条件以及构建包含金融稳定目标的宏观政策框架这几个角度出发提出了相应政策建议。

第九章是结论,归纳了本书研究所得到的主要结论。

第三节 研究思路与方法

一、研究思路

本书是按照提出问题,以理论基础和实证分析相结合的研究脉络进行著述的。全书围绕以下方面展开:一是金融发展如何影响经济潜在增长率?二是如何捕捉金融波动对经济潜在增长率的影响,即如何将金融因素纳入经济潜在增长率的测度?三是包含金融因素的经济潜在增长率是否有效?四是中国金融结构应该如何调整才能提升经济潜在增长率?针对问题一从数理建模角度论证金融发展确实影响经济潜在增长率,通过梳理清楚金融发展影响经济潜在增长率的机理为全书的研究奠定理论基础。针对问题二尝试将金融因素纳入经济潜在增长率测度的模型,并通过经济潜在增长率的核心指标产出缺口为切入点来分析新模型的有效性。针对问题三则将包含金融因素的经济潜在增长率与不包含金融因素的经济潜在增长率分别做被解释变量构建面板模型来对比分析,寻找金融发展影响经济潜在增长率的决定因素。针对问题四以金融结构为切入点,探寻未来中国金融系统提升经济潜在增长率的发展方向。在回答了这四个问题之后根据前文研究提出相关政策建议。

二、研究方法

文献法和归纳法。第二章采用文献法和归纳分析法对金融发展影响经济潜在增长率的文献进行梳理。

数理模型法。第四章基于动态优化方法建立了包含金融部门的经济增长模型,之后通过数值模拟对模型结果进行比较静态分析。

定量与定性分析方法相结合。第三章通过统计指标分析法和 HP 滤波法等统计工具计算了中国国家层面和区域层面的经济潜在增长率，并梳理了金融发展与经济潜在增长率的互动过程。

统计分析和计量模型相结合。第五章则在动态 HP 滤波法基础上纳入金融变量，构建了新的多元滤波器模型，并结合 Matlab 等软件运用状态空间法对模型进行估算，测算金融因素调整的产出缺口。第六章借助面板回归模型验证包含金融因素的经济潜在增长率的实证研究价值和促进金融发展提升经济潜在增长率的决定因素。第七章则借助面板回归模型和面板门槛模型分析了中国市级和省级层面金融结构对经济潜在增长率的影响。

三、本书的创新与不足

（一）本书的创新之处

第四章构建了包含金融部门的内生经济增长模型，通过数理推导和数值模拟刻画金融发展影响经济潜在增长率的机理，论证了金融部门发展水平的提高与金融支持技术创新是提升经济潜在增长率的重要渠道。

第五章借助包含金融因素的经济潜在增长率测度模型成功捕捉到了中国金融周期波动对产出缺口的影响，无论是中国的数据还是跨国层面的数据都表明新的测度模型较之于传统 HP 滤波器有更强的可信度和更好的实时预测性能。该模型除了纳入信贷规模、房价变动和利率因素之外，还成功纳入了汇率因素和综合金融周期因素。

第六章将包含金融因素的经济潜在增长率作为被解释变量

来直接寻找金融发展提升经济潜在增长率的先决条件,将包含和不包含金融因素的经济潜在增长率分别作为被解释变量来构建面板模型,发现无论中国省级层面数据还是跨国层面数据都表明以包含金融因素的经济潜在增长率作为被解释变量的模型解释力更强。当通过金融发展来提升经济潜在增长率时,有许多关键的非金融因素不容忽视。这些因素不仅包含物质资本、人力资本、技术等生产投入类要素,也包含制度环境、收入分配公平程度和开放程度等制约经济发展环境的软性要素。

第七章将金融结构优化作为金融发展提升经济潜在增长率的突破口,在中国市级层面和省级层面证明了最优金融结构理论适用于中国,并发现中国实际金融结构左偏于最优金融结构,明确了发展资本市场的必要性。

(二)本书的不足

本书建立的包含金融部门的内生增长模型是基于前人的研究基础之上总结改进而来,该模型主要探索金融支持技术创新和储蓄投资转化功能,但是金融影响经济的渠道还有很多,要将其他功能纳入内生增长框架下探究需要未来的继续努力。实证研究数据虽然已经细化到市级层面,但是也缺失了一些地区。由于笔者缺乏实际操作经验,提出的政策建议可能缺乏实践操作可行性方面的考量。

第二章
文献综述

第一节 经济潜在增长率的研究综述

经济潜在增长率影响着经济运行的长期趋势,在经济增长的理论研究中,处处体现了这一长期增长的内涵,首先从关注的时间跨度而言,经济增长理论关注的是数十年甚至上百年的经济增长过程,其次从模型分析而言,其中的变量捕捉的并非短期变化,而是要素的长期表现。Barro 和 Martin(1995)明确指出内生增长模型研究的是长期增长率。这种对长期经济增长的关注始终伴随着经济增长理论的发展过程,尤其是在 Romer(1986)、Lucas(1988)的研究问世后,经济学家们更加意识到弄清楚长期经济增长取决于什么至关重要。因此,顺着经济的长期增长这一脉络,经济学家进行了多角度的探索。

一、经济潜在增长率的内涵

经济潜在增长率就是潜在产出的增长速度,因此测度经济潜在增长率的关键在于测度潜在产出。潜在产出是实际产出中过滤掉短期波动后的长期趋势。实际产出围绕潜在产出上下波动,两者的差距就是产出缺口。潜在产出和产出缺口是不可直接观测的,需要借助测度模型来计算。经济产出变化的背后必然是经济增长速度的变化,当经济运行受到冲击时,最先做出反应的就是经济产出的增长率。因此要把握经济运行的趋势其核心在于把握经济潜在增长率。当没有战争和政局动荡时,一国的潜在产出水平是缓慢增加的,实际产出围绕潜在产出上下波动运行。当经济潜在增长率上升时,潜在产出将加速上升,正产出缺口将更快出现,预计经济将进入上升周期;当经济潜在增长率下降时,潜在产出将加速走低,负产出缺口将更快出现,预计经济将进入下降周期。可见研究一国经济潜在增长率的关键指标是潜在产出和产出缺口。

学界对长期经济增长的研究可以追溯到 Harrod(1939)提出的三种经济增长率:有保证的增长率、实际增长率以及自然增长率。有保证的增长率并不唯一,会随经济运行状态的改变而改变。实际增长率是经济体实现了的经济增长速度。自然增长率则是在现有资源供给下的最高经济增长率。自然增长率引起了许多学者的深入研究,Okun(1962)认为潜在产出是经济体在市场出清和价格稳定时的最大产出,该研究还提出了奥肯定律,即以失业率作为衡量产出缺口变动趋势的核心指标。此后许多研究都将经济潜在增长率与失业或通货膨胀联系起来,如 Phelps(1979)将失业率和通胀率作为观测产出缺口的核心指标,认为经济潜在增长率是当经济体的通胀水平保持不变时的总产出的增长率。Blanchard 和 Quah(1989)分别从需求和供给角度分析了产出缺口,认为从供给角度理解经济潜在增长率更合理。这些研究都强调经济的潜在增长率决定了经济运行的趋势,若要达到这一增长率就需要经济处于长期均衡路径。学界对经济潜在增长率的定义主要有资源是否充分利用和是否加速通胀这两大类。这两类定义背后是对经济周期的不同认识。仲崇文等(2013)将理论界对于经济潜在增长率的定义归为凯恩斯主义和新古典主义两大类。赵留彦(2008)明确指出从总需求角度分析经济潜在增长率的理论依据是凯恩斯理论或者货币经济周期理论；而从总供给角度分析经济潜在增长率的理论依据是新古典主义者支持的真实经济周期理论。

凯恩斯主义支持者以投资为核心来理解经济周期，认为需求变动是引起经济波动的主要因素。经济周期处于萧条阶段是因为有效需求不足引起了资源闲置，而经济周期上行是因为有效需求扩张引起生产要素被充分利用。如果有效需求快速提高并远高于经济体的最高供给能力时，通货膨胀率就会快速提高。当有效需求不足时，经济实际增长率就会低于经济潜在增长率，出现负的产出缺口。政府应该主动利用"有形的手"来刺激宏观经济，扩大投资拉动有效需求，让实际增长率向潜在增长率靠拢。

新古典主义支持者则认为市场是完美的，导致经济波动的根本因素在于技术冲击，经济波动的产生并不仅是实际产出围绕均衡值上下波动，均衡值本身也在上下波动。当经济运行出现负产出缺口，经济潜在增长率下行时，政府不应单纯运用投资政策来刺激需求，而应从供给层面出发来提升未来经济增长空间。最关键的就是促进技术进步，重塑经济供给面的竞争优势。

二、经济潜在增长率的测度

经济潜在增长率的测度本质上是潜在产出的测度。潜在产出是实证经济研究中的关键参考变量，经常被国家和国际经济研究机构和经济顾问所用来分析商业周期。关于经济潜在增长率的估计方法有很多，主要可以归纳为三大类：与新古典主义学派的定义相对应的趋势统计分解法，与凯恩斯主义学派对应的经济结构分解法以及兼顾两者的混合型估计方法。

（一）趋势统计分解法

这类方法也可称为消除趋势法，认为实际产出是由趋势性的潜在产出和周期性的产出缺口组成的。该方法不考虑变量之间的经济关系,运用统计与计量方法对实际产出序列进行分解。随着研究的进一步深入,产生了许多趋势剔除技术,其中主要包括 BN 分解法、HP 滤波法、BK 滤波法、CF 滤波法、UC 卡尔曼滤波法等。

1. BN 分解法

BN 分解法是由 Beveridge 和 Nelson(1981)提出的,基于差分整合移动平均自回归模型(ARIMA 模型)将非平稳时间序列中的趋势部分和周期部分分离出来。该方法将潜在产出视作趋势部分,认为它符合随机游走的单位根过程:$\Delta \ln Y_t = \mu + A(L)\varepsilon_t$,$\varepsilon_t$ 是随机误差项。$\ln Y_t$ 是一阶单整的非平稳产出序列,Δ 是一阶差分算子。周期成分则由平稳自回归过程与随机游走过程组成。

2. HP 滤波法

HP 滤波法由真实经济周期理论的奠基者 Hodrick 和 Prescott (1997)提出。该方法也将实际产出视作由长期趋势部分(潜在产出)和短期波动部分(产出缺口)组成,即 $Y_t = Y_t^* + Y_t^c$,$t = 1, 2, \cdots, n$。Y_t 是实际产出序列,Y_t^* 表示潜在产出即趋势成分,Y_t^c 是产出缺口即波动成分。HP 滤波器的损失函数如下:

$$\sum_{t=1}^{T} \left[\frac{1}{\sigma_1^2}(Y_t - Y_t^*)^2 + \frac{1}{\sigma_0^2}(\Delta Y_{t+1}^* - \Delta Y_t^*)^2 \right]$$

其中,σ_1^2 是产出缺口 $(Y_t - Y_t^*)^2$ 的方差,σ_0^2 是潜在产出变化程度的方差,其中 $\Delta Y_{t+1}^* = Y_{t+1}^* - Y_t^*$,$\Delta Y_t^* = Y_t^* - Y_{t-1}^*$。HP 滤波方法是趋势剔除法中运用较为灵活的一种。该方法估计出的潜在产出序列的平滑程度依赖于滤波参数的取值,一般而言年度数据、季度数据和月度数据分别取 100、1 600 和 14 400。

张连城和韩蓓(2009)在使用 HP 滤波法测度北京潜在经济

增长率时,对 HP 滤波器的参数进行了不同的尝试,并发现参数的选择需要考虑经济运行是否发生了结构性变动。齐稚平和刘广伟(2007)利用 HP 滤波法计算了中国的产出缺口,并且在此基础上研究了泰勒规则在中国的适用性。

3. BK 滤波法

BK 滤波法由 Baxter 和 King(1999)提出,该方法将实际产出分解为高、中、低频三部分。低频部分是趋势性的部分,中频部分则是实际产出中的周期性部分,而高频部分则是随机扰动部分。该方法的目的是过滤出中频的周期部分。BK 滤波器的主要公式是:$Y_t = \sum_{j=-N}^{N} A_j P_{t-j}$,$A_j$ 是 $\{P_t\}$ 的移动平均的权重。BK 滤波方法的滤波参数十分重要,一般而言年度数据、季度数据和月度数据分别取 3、12 和 36。如果样本数量较小,BK 滤波法与 HP 滤波法的估计结果比较接近。

4. CF 滤波法

CF 滤波法是 Christiano 和 Fitzgerald(2003)提出的,BK 滤波可以看作 CF 滤波的一个特例。该方法放弃了 BK 滤波法的平稳性和对称性假设,但 CF 滤波法也被一些学者认为因放弃了这两个假设而导致估计结果不理想。汤锋铎(2007)对现有的滤波方法进行了分析,并运用几种滤波法讨论了中国菲利普斯曲线与通胀的关系,最后推荐使用 HP 滤波和 CF 滤波方法。

5. 卡尔曼滤波法

卡尔曼滤波借助不可见成分模型和卡尔曼滤波进行分解,该方法由 Kalman(1960)、Kalman 和 Bucy(1961)提出,认为实际产出由不相关的不可观测的趋势部分与周期部分组成。趋势部分服从带固定漂移的随机游走过程,而周期部分则服从 ARMA(p, q)过程。许召元(2005)运用卡尔曼滤波法对中国潜在经济增长率和产出缺口进行估算,并检验中国经济增长与通胀率的关系,同时研究了产出缺口的影响因素。王艾青和安立仁(2008)用卡尔曼滤波法估计了中国潜在经济增长率,还运用资本驱动的潜在产出测度模型对经济潜在增长率进行估计,比较发现后者的结果更贴近现实。王立勇(2008)、谢太峰和王子博(2013)构建了状态空间模型测度中国潜在产出,进而结合AD-AS模型对经济波动的影响因素及宏观经济走势进行分析。郭鹏辉和钱争鸣(2009)在研究潜在产出、产出缺口与通胀率关系时也采用卡尔曼滤波法测算潜在产出。

6. 小波降噪法

小波降噪法最早出现在数学领域,后来在经济时间序列分析中也得到广泛使用,Crowley(2007)、Raihan 等(2005)、Jagric(2002)等国外学者运用该方法来分析经济周期。小波降噪法的估计思路也与其他趋势统计分解法一样,都是将实际产出序列视作趋势部分和周期部分的组合,通过小波降噪过程分离出序列中不同频率的部分,去除噪声部分,保留特定频率部分。

(二) 经济结构分解法

经济结构分解法试图在建立了产出与投入要素之间的关系后,先估计各种投入要素的趋势水平,再估计潜在产出。该方法有较强的经济理论基础而受到广泛应用,但在运用过程中需要注意产出与投入要素之间的关系是否成立。比较有代表性的方法是奥肯定律法和生产函数法。

1. 奥肯定律法

该方法最早由Okun(1962)提出,奥肯定律描述的是GDP与失业率之间的关系。运用该方法时的难点在于确定自然失业率和参数。姜巍和刘石成(2005)认为中国公开失业率与实际产出增长率之间的奥肯定律不成立,于是用就业量代替失业率来建立扩展的奥肯模型,并分别对不同产业下就业与经济增长的关系进行分析。杨旭等(2007)推导出二元社会下的奥肯定律,并依据该模型推算了的中国1986—2004年的产出缺口,但是结果与实际相去较远。李晗和蒲晓红(2009)对奥肯定律在中国的适用性进行研究,发现隐性失业大量存在是这一定律在中国失灵的主要原因。

2. 生产函数法

为了克服消除趋势法无法体现潜在产出供给面特征的缺陷,经济学家创造了生产函数法,该方法多为凯恩斯主义支持者采用。使用生产函数法要先设定合适的生产函数,然后用滤波法对各生产要素分解出趋势性成分,再将趋势性的生产要素代入生产函数中,便能测算出潜在产出。该方法比趋势分解法有更强的经济基础,又充分考虑了经济的供给面,因而被许多国际经济组织采用。Proietti等(2007)基于生产函数法估计欧洲的潜在产出和产出缺口后发现该方法对减少潜在产出估计的不确定性有很好的效果。生产函数法的使用前提是经济体的生产函数形式稳定,投入要素的数据要真实可靠。运用生产函数法估算中国的经济潜在增长率时,先要对资本存量、劳动力投入和技术进步等变量进行科学估算。赵昕东(2008)用菲利普斯曲线法和HP滤波法计算了潜在产出,认为菲利普斯曲线法在通胀的预测力上更好。石柱鲜等(2008)利用生产函数法对中日韩三国的经济潜在增长率进行估算,并分析产出缺口和景气波动的关系。杨国中和李宏瑾(2011)运用生产函数法估计中国潜在产出,发现产出缺口与通胀率有密切交替关系。张萌(2011)建立了基于产出缺口的菲利普斯曲线模型,拟合出符合经验结论的菲利普斯曲线形式,但是模型总体的解释能力不强。孙辉和李宏瑾(2012)用生产函数法估算中国省级层面的潜在产出,并对比了全国层面和地区层面的产出缺口的差异,发现各地区的产出缺口有自己的特点。于洪菲和田依民(2013)在柯布—道格拉斯生产函数法的基础上结合超越生产函数方法,发现超越生产函数更适合估计潜在产出和产出缺口。

(三)混合型估计方法

1. 普通滤波法中加入经济关系

该方法将产出缺口、失业率和通胀水平按照一定的经济理论(如奥肯定率、菲利普斯曲线)纳入动态系统,利用极大似然估计和贝叶斯估计法来估计参数。Laxton 和 Tetlow(1992)以多变量方法拓展 HP 滤波法,结合通货膨胀率的波动计算潜在产出。Kuttner(1994)将潜在产出看作一个不可观察的随机趋势,在简化了的产出和通货膨胀率方程基础上应用卡尔曼滤波法计算潜在产出。但该方法不仅需要有正确的菲利普斯曲线,而且需要准确地刻画失业缺口和通胀之间的关系。也有研究指出运用奥肯定律去估计潜在产出也并不可靠,如 Rudebusch(2010)、Groshen 和 Potters(2003)认为由于产出缺口和失业缺口的周期性波动会使奥肯定律和潜在产出之间的关系变得更复杂。也有一些研究尝试将滤波器法与其他方法结合起来,张成思(2009)采用多变量动态模型估算产出缺口,在与传统单变量估计法的结果进行对比后发现前者更全面考虑了影响经济发展的因素。李晓琴等(2010)在中国现有投入产出表基础上调整了编制方法和统计口径,构建了 1981 年至 2005 年的可比价的投入产出表,并在此基础上了运用 HP 滤波法、多变量不可观测成分模型以及结构化向量自回归模型估计了中国全行业的潜在产出水平,并依此对不同行业增长模式进行了辨别。

2. 结构向量自回归模型(SVAR)

结构向量自回归模型通过考虑产出与失业之间的关系,利用统计关系建立向量自回归方程,但前提是必须考察奥肯定律或菲利普斯曲线是否成立。Blanchard 和 Quah(1989)基于 SVAR 模型研究了需求和供给冲击对产出缺口和就业的影响,发现需求的影响是中短期的,而供给面的影响则是长期的。该方法比滤波法有更优的统计性能,但运用此方法时必须以菲利普斯曲线和奥肯定律成立为前提。赵昕东(2008)、郭红兵和陈平(2010)、袁吉伟(2103)等运用该方法研究了中国的产出缺口,重点关注该方法在中国的适用性,发现该方法因纳入变量的不同而呈现出不同的预测效果。

3. 动态随机一般均衡方法

区别于只考察局部均衡的生产函数法,动态随机一般均衡模型(DSGE)在一般均衡框架下分析各经济变量面对经济冲击时的状态。用 DSGE 模型来估算潜在产出的研究有许多,但是由于该模型应用门槛较高,估计结果稳健性还有待增强,在一定程度上限制了该方法的广泛使用。唐诗磊和谭琦(2013)构建了小型 DSGE 模型,估计出中国自然与潜在产出缺口,并且运用缺口较准确判断了经济运行的峰谷,有一定的经济预警作用。娄峰(2015)也构建 DSGE 模型来分析中国产出缺口变化趋势,发现中国自 2010 年以来产出缺口波动趋于平稳化,基本符合"大稳健(Great Moderation)"现象。袁靖(2013)应用 DSGE 模型分别考察了需求和供给因素对中国实际产出和潜在产出的影响,研究发现中国潜在产出主要是受供给因素的影响。

第二节　金融发展影响经济潜在增长率的理论综述

金融发展影响经济增长领域的研究,是从资本积累开始的,起初并没有专门研究金融发展与经济增长之间关系的理论,大多研究散见于各流派的经济增长理论之中。古典主义经济学派的研究重点是货币金融,但关于货币金融是否对经济有实质性影响一直是争论焦点,在长期研究中,该学派倾向于认为货币是中性的,它只是蒙在实体经济上的一层纱。Wicksell(1898)开创的货币经济理论认为货币并非是中性的,在信用经济下,货币不仅用于交易更用于投资,货币的变动能够影响经济活动,并引起经济周期上下波动。Schumpeter(1912)也提出了创新理论,阐述了企业家、资本、创新与经济增长的循环机制,指明了金融可以对经济发展产生长期影响。凯恩斯通过货币资产观和货币利率理论,将货币以一种实质性的方式融入真实经济过程,确立了货币非中性论。Tobin(1965)发展了凯恩斯经济学,摒弃了以哈罗德—多马模型为代表的实物增长理论,提出新古典货币增长模型,揭示了货币金融对经济增长的作用机制。Patrick(1966)重点关注金融发展与经济增长之间的因果关系,该研究引起金融发展理论界对"帕特里克之谜"展开了多视角的分析和拓展。金融发展理论还主张发展中国家经济不发达是由于其国内金融处于抑制状态,并提倡"金融深化",发展中国家应该推行金融自由化的政策。此后直至20世纪80年代末,大批学者基于金融发展理论进行了研究,但提出的政策主张不符合发展中国家的现实。拉美国家在20世纪七八十年代金融自由化的尝试大多以失败告终,而韩国以及中国台湾地区却在此期间通过金融抑制政策实现经济腾飞。这说明以往的金融发展理论有着很大的缺陷。20世纪80年代中后期出现的内生增长理论推动了金融发展与经济增长关系研究的发展。一大批经济学家应用该理论来研究金融与经济增长的关系,突破了之前的金融发展理论分析框架,对金融发展之于经济增长的影响进行更为深入细致的研究。

金融发展的内涵是十分丰富的,金融机构功能、金融深化程度、金融结构演化,金融资源空间配置效率以及金融周期变化引致的金融可持续发展都是金融发展的内涵。其实金融发展的核心在于金融资源配置效率的提升,是将金融资源在时间和空间上配置到更高效率的生产领域的能力。金融发展与经济增长的研究关注的是金融发展对经济长期增长的影响,大量研究都认可金融发展会促进经济的长期发展。经济长期增长趋势是由经济潜在增长率决定的,因而从经济潜在增长率角度分析可以更好把握金融发展与经济增长的核心。金融发展与经济潜在增长率的研究存在于金融与经济关系研究领域之中,这方面的研究沿着两条线展开,一条是经济学脉络,一条是金融学脉络。经济学理论中对金融的理解经历了从货币、信用、资本再到金融系统的演变。金融学领域的金融发展理论是专门研究金融与经济关系的理论,其发展轨迹也与经济增长理论逐渐融合。想要将两者彻底区分开来非常困难,因为金融和经济并非泾渭分明,下文将整理不同渠道下金融发展影响经济潜在增长率的文献。

一、金融结构对经济潜在增长率的影响

自 Goldsmith(1969)将金融结构对经济增长的影响视为金融发展领域的核心问题后,关于金融结构的研究不断丰富。金融发展理论的核心就是解释金融发展对经济长期增长的影响,关于金融结构的研究也依循这一终极目标。起初许多学者十分关注银行主导型和市场主导型各自的优势,很多理论关注如何解释跨国层面的金融结构差异。Stiglitz(1991)和 Singh(1997)的研究支持银行主导型金融体系对经济发展更重要。Greenwood 和 Jovanovic(1990)、Greenwood 和 Smith(1997)、Allen 和 Gale(2000)则倾向于支持市场主导型的金融体系更能促进经济发

展。支持银行主导型的理论强调银行向企业提供资本时需要进行尽责调查,这可以提高信息透明度,提高公司管理效率等。支持金融市场主导型的理论则从市场可以更好监督公司,为高风险创新项目提供资金,促进技术创新和经济发展这些角度进行论证。随着研究的深入,学界不再争论哪种金融结构更优,而是将关注重点放在金融体系的整体功能上。最优金融结构理论是金融结构影响经济增长领域不可忽视的新进展,林毅夫等(2003,2009,2012)将金融结构视作动态过程,认为它随着经济发展的特定需求而演化。该理论认为,在经济发展初期阶段,金融系统会偏向于以银行系统为主,而随着经济发展,资本积累不断增加,金融结构会逐步往市场主导型转变。金融结构是根据实体经济部门需求不断调整的。不同国家的金融结构都可以有所不同,因此对于金融结构的研究应该结合一国的资源禀赋、产业结构以及相应特点来进行分析。

依循最优金融结构理论的脉络,国内学者也进行了多方位探索。在理论研究方面,张成思和刘贯春(2015,2016)、尹雷和赫国胜(2014)等学者致力于用数学模型刻画金融结构对经济增长的作用。实证方面的研究则多聚焦于验证中国是否也存在最优金融结构效应,以及对比银行部门和证券市场对经济发展的作用。各种样本和分析视角下的研究比较丰富,但并未得出一致结论。虽然国内关于最优金融结构的存在性还未形成一致结论,但学界普遍认同由于不同国家经济发展阶段不同,按国家进行特定分析是很有必要的。季益烽(2014)、邵汉华等(2017)、邵汉华(2018)支持金融发展对经济增长的倒 U 型影响机制。闫斐(2017)运用跨国面板数据得到的结论并不支持金融发展与经济增长之间的非线性效应。龚强、张一林和林毅夫(2014)构建了理论模型分析最优金融结构、产业结构和风险特征,发现中国现阶段下银行体系基本满足经济发展现状,但是未来的产业结构转型升级要求更良好的资本市场。

二、金融发展水平对经济潜在增长率的影响

许多学者主张金融中介和金融市场在服务实体经济的功能上是一致的,与其探讨金融结构不如关注金融系统的整体服务水平。学界在该领域的研究可以从金融深化、金融功能、金融内生化这几个角度进行梳理。其实无论是金融深化理论还是金融功能理论抑或是金融内生化理论,关注的都是金融系统的整体发展水平。早期的金融深化理论将实际利率水平作为一国金融发展水平的代表,后来的金融功能论则以金融机构的功能高低来衡量一国金融发展水平。金融内生化理论则在金融功能理论基础上继续深化,借助内生增长模型来刻画金融部门如何内生形成于经济体又如何影响经济增长。这三者都强调了金融系统整体发展水平提升对经济增长的益处。

(一)金融深化对经济潜在增长率的影响

由于金融结构理论忽略了价格(如利息)等因素,麦金农(1997)和肖(1988)基于资本价格分析金融对经济的作用,金融发展理论由此形成。金融发展理论最初是从金融深化与金融抑制的视角来研究金融发展对经济增长的影响机制。实际上Hicks(1969)在讲述到关于工业革命和金融发展的观点时,就重点强调了强大的金融体系能够为技术创新提供资本,这其中暗含着只有等到金融发展到了一定的阶段才有可能反哺实体经济发展的深意。

金融发展理论关注如何通过金融发展来实现发展中国家对发达国家的经济赶超。该理论认为发展中国家经济落后于发达国家的原因在于本国金融发展水平滞后,并提倡在发展中国家

推进金融深化,建立完善的金融体制来推动经济发展。Galbis(1980)认为改善金融抑制就需要从金融机构入手,提高银行部门的存款实际利率。Fry(1982)论证了金融机构利率上限对经济增长的负作用,认为政府可以运用紧缩的货币政策来提高资本价格,较高的利率有利于提高居民储蓄。

金融深化理论引起了许多发展中国家的金融自由化进程,政府放松对金融体系的干预,重视市场在金融发展中的力量,允许和鼓励金融改革和创新。拉美国家如阿根廷、墨西哥、巴西、智利等国家在放开了利率、汇率、资本管制后,引发大规模游资流入,爆发债务危机和经济危机。此后的研究开始围绕金融自由化的顺序和改革国际金融体制的力度展开。金融深化理论强调金融深化过程是正确的,但是这是一个复杂的过程,若仅强调金融自由化忽视金融系统的稳定性反而增加经济的脆弱性。

20世纪80年代以来,学界开始将信息因素融入金融发展理论的研究之中,Stiglitz和Weiss(1992)研究金融市场失灵的原因,并探索政府的应对措施。Hellman等(2000)提出"金融约束"理论,其核心观点是发展中国家需要根据自身情况来选择金融发展目标,金融自由化并不一定是最优的,建立合理的监管体制,保持适度的金融抑制是必要的。金融约束论比金融深化论更符合发展中国家的实际需求。

(二)金融功能对经济潜在增长率的影响

金融功能理论认为金融功能的提升可以减弱信息不对称导致的负作用。金融功能强大的金融系统会有更高的储蓄率和储蓄—投资转化效率,将更好地促进资本积累和技术进步,从而有利于经济的长期增长。这一理论由金融机构论发展而来,起初人们对金融的理解更偏重于货币和金融机构之类的实物形式,因此早期的金融发展理论往往更关注金融机构。随着研究的深入,大量学者发现金融机构的形式会随经济发展而动态变化,而金融功能却是稳定的,因此与其分辨金融机构孰优孰劣不如抓住金融功能来研究。针对金融机构论的缺陷,King 和 Levine(1993a,1993b)、Bodie(1995)提出了"金融功能观"。金融系统的基本功能是清算和结算,集聚资本,在时间和空间中分配资本、管理风险、提供信息和激励机制。其实还有很多其他类似的观点如 Levine(1997)认为金融体系的功能有促进风险改善、信息获取与资源配置、监督管理、动员储蓄和便利交易等。Allen 和 Gale(2000)认为金融体系的功能主要是风险分散、信息提供和企业监督等。

其实金融机构观与金融功能观两者可以被纳入同一个理论框架下,那就是金融资源论。金融资源论奠定了金融可持续发展理论的基础。白钦先(2003)从金融资源的层次性出发,认为金融机构观属于金融的微观层面是量性金融发展;金融功能观则属于金融的宏观层面是质性金融发展。1998年金融危机爆发,许多金融发展理论无法解释这一危机,金融资源论从金融也是一种资源的角度出发,认为危机的出现是由于对金融资源的过度开发,破坏了金融的可持续发展。从金融机构观到金融功能观,再到金融资源论,体现了金融发展内涵的深化过程,金融可持续发展的重要性逐渐明晰。金融可持续发展理论将金融作为一种资源来看待,关注金融效率和金融脆弱性,重视金融发展与经济发展现状的协调程度以及金融体系的稳定性,将金融发展理论推向新的高峰。

(三)金融内生化对经济潜在增长率的影响

20世纪80年代中后期出现的内生增长理论推动了金融发展与经济增长关系研究的发展。一大批经济学家应用内生增长理论来研究金融与经济增长的关系。这一时期的理论成果是解释了金融中介体和金融市场是如何内生形成的,以及内生于经济体的金融中介和金融市场是如何与经济增长过程发生作用的。

Bencivenga和Smith(1991)、Dutta和Kapur(1998)为代表的许多学者分别从规模经济、不确定性和信息不对称角度论证了金融中介可以降低交易成本。Boot和Thakor(1997)解释了金融中介和金融市场是如何形成的,并指出金融系统形成初期以银行为主,后期则慢慢向资本市场过渡。Pagano(1993)将金融部门纳入内生增长模型(AK模型),论证了金融发展可以通过提高储蓄率和储蓄—投资转化率来促进经济增长。Levine(1997)继续对金融功能进行总结,并强调金融发展内生于经济发展,且两者通过金融功能进行互动。后来的研究多基于内生增长模型,考察某些金融功能内生作用于经济增长的机制。Greenwood和Smith(1997)基于内生增长模型考察金融中介的形成条件,重点关注金融机构的资金配置功能。Gregorio和Kim(2010)在内生增长模型中考察了金融发展通过为经济主体提供教育资本以促进社会人力资本积累,最后带动经济增长的机制。

在内生增长理论出现之前,对金融发展影响经济增长的研究都是将金融变量外生化处理,因而缺乏对金融发展与经济增长相互作用机制的刻画。金融功能理论在吸收内生增长理论精华后,将金融变量内生化并从金融功能出发探索金融与经济的互动机制,引发了许多数理模型分析和实证研究。这些研究虽然角度不同,但是都认可金融发展和经济增长是相互促进的。

三、金融周期对经济潜在增长率的影响

宏观经济周期理论经历了实际经济周期理论、广义经济周期理论和金融经济周期理论的发展过程。实际经济周期理论分

析的是经济短波的跨期一般均衡分析,假定货币中性和价格完全弹性,该理论认为产出的均衡水平易受各种实际扰动如技术进步、政府购买力、税率、偏好等因素的影响。在 Lucas(1972)研究的基础上,Kydland 和 Prescott(1982)创立了实际经济周期理论,认为经济波动从根本上是由技术冲击引起的。Rebelo(2005)对 Lucas(1972)进行分析,认为该文将经济增长和经济周期纳入同一的框架研究,并提供了与理论模型相匹配的实证检验工具,为后来的研究提供了标准研究范式。但由于实际经济周期理论不包含货币因素,导致货币政策的应用价值不高,于是该理论与传统凯恩斯理论相融合形成了广义经济周期理论。基于这一理论的主要发展是围绕 DSGE 模型展开的,研究成果被广泛应用于货币政策、公共财政等宏观领域。DSGE 模型沿袭了实际经济周期模型的研究方法,也对实际经济周期理论有了许多发展。如 Grauwe(2010)、Badarau 和 Levieuge(2011)、Costain 和 Nakov(2011)将异质性纳入 DSGE 模型。

2008 年金融危机以来,金融经济周期理论可谓是金融发展影响经济增长在周期视角下的最新进展。金融经济周期理论是在信贷周期理论、金融加速器理论和金融中介理论各自发展完善过程中,不断吸收其精髓最终形成的。金融经济周期的传导机制有金融加速器机制、抵押约束机制和银行中介机制。金融周期比经济周期更长、波幅更深,金融周期的核心指标是信贷和房价。

金融经济周期理论将金融市场因素和货币信贷政策植入DSGE 模型,揭开货币和金融的面纱,系统研究金融因素与真实经济周期间的交互作用。在 Bernanke 等(1998)、Modigliani 和 Miller(1958)的基础上,Gertler 和 Karadi(2011)将私人金融中介和中央银行分别引入 DSGE 模型以定量分析金融危机时央行的最优干预规模。国内在该领域的实证研究大都基于 DSGE 框架展开。刘兰凤和袁申国(2012)构建了三部门 DSGE 模型,在微观层面验证了中国经济的金融加速器效应。王国静和田国强(2014)在 DSGE 框架下证明了金融冲击是中国经济波动的来源。DSGE 视角下的研究可以说是 2008 年金融危机后发展最快的,但由于 DSGE 模型的复杂性,可操作性不强,同时该模型对 2008 年金融危机的预测功能较弱,遭到了许多经济学家的诟病。除了 DSGE 模型以外,还有其他领域也在关注着将金融周期理论应用到潜在产出的测度中去,发达国家的央行、国际货币基金组织(IMF)和国际清算银行(BIS)比较领先,主要成果是 Borio 等(2013,2014)、Melolinna 和 Toth(2016),该研究在滤波法基础上考察金融周期对产出缺口的影响,可谓除 DSGE 模型外金融经济周期领域不可忽视的重要研究成果。

四、金融资源空间配置效率对经济潜在增长率的影响

Krugman(1991)结合新贸易理论和新增长理论中关于不完全竞争、规模报酬递增的理论发展,将空间区位理论引入新古典经济学的分析框架,同时引入运输成本来考察产业的空间集聚、城市间的区域经济体系以及国际贸易等问题,并建立"中心—外围"模型从产业集聚的视角解释了制造业"中心"和农业"外围"的形成机理。Fujita 等(1999)则进一步将企业异质性和市场进入成本等内容引入新经济地理理论,新经济地理理论逐步完善并趋于成熟。新经济地理理论很好地解释了经济全球化与区域化、区域内产业集聚、城市化发展等具有空间属性的经济现象。金融学作为经济学的重要分支与空间经济学的交叉领域是金融地理学。劳拉詹南(2001)从金融地理学角度研究了金融活动的空间集聚对区域经济增长的影响机制,但是金融地理学的研究

框架比较松散,她的研究方法更偏重于地理学,缺乏对内在机理的深入研究。随着空间经济学的发展,开始出现基于一般均衡理论的货币和金融地理学研究,至此学界开始尝试以空间经济学理论框架来构建金融地理理论。在这一理论不断完善的过程中,人们逐渐关注金融空间运动对经济增长的影响机制。该领域的研究大多从金融的空间集聚效应出发。国内学者对金融集聚定义如下:黄解宇和杨再斌(2006)认为金融集聚既是过程,又是一种状态或结果。前者是指通过金融资源与地域条件协调、配置及组合的时空动态变化,后者则指经过了上述过程,达到一定规模和密集程度的金融产品、工具、机制、制度、法规及政策文化在一定地域空间有机结合的现象和状态。梁琦(2014)认为金融集聚是由金融监管部门,各种金融机构及企业等具有总部功能的机构在某一特定区域集聚所形成的特殊的产业空间组织,这种区域通常被视作金融中心。

Kindleberger(1973)认为金融集聚既是过程又是状态,是具有总部功能的机构在地域空间上的集中,这一过程伴随着与其他产业的互相融合,会促进金融空间资源配置效率的调整和提升。金融集聚通过金融集聚效应、金融扩散效应以及金融功能促进实体经济增长。金融集聚效应通过外部规模经济效益、网络效益、创新效益、加速技术进步效益及自我强化机制效益影响经济增长。金融扩散效应通过"涓流效应"和"极化效应"促进经济活动。金融集聚通过金融的风险管理功能、信息揭示功能、公司治理功能、储蓄集聚功能和便利交换功能影响和促进经济增长。目前学界对金融集聚促进经济增长的影响渠道有如下共识:

(一)金融功能强化

金融集聚过程会伴随着金融功能的强化而不断强化。金融集聚会带来金融机构数量增加、规模扩大、业务种类的丰富及服务领域的多元化，这些变化将会带动金融结构的优化、金融机构效率的提升及市场制度不断完善。因此从金融功能的视角可以更加全面、有效地衡量金融集聚对经济增长的促进作用。金融机构的功能包括风险管理、信息披露、公司治理、集聚储蓄和便利交换。这部分研究与金融功能观相似，此处不再赘述。主要研究成果可参见 King 和 Levine(1993a，1993b)、Bodie 和 Merton(1995)、Allen 和 Gale(2000)、潘英丽(2003)。

（二）产业结构调整

中观层面而言金融集聚影响经济增长可以通过产业调整机制实现。金融集聚会促进地区产业结构调整和转移。优质资源向金融核心区域集中，低端资源向边缘地区溢出，金融发展通过金融集聚这一形式对区域间经济发展格局产生深远的影响。

在产业结构对金融集聚的影响方面，Patrick(1966)认为产业结构的变迁会引起企业设备更新换代和企业制度的调整，继而会使企业从需求端对金融系统提出更高的要求，激发金融系统向更高的水平发展。Carlin 和 Mayer(2003)进一步细分了市场导向型的金融结构与银行导向型的金融结构的金融集聚过程对产业结构的影响。该研究发现市场导向型的金融结构聚集区更容易催生高技术高风险产业为主的区域产业结构，而银行导向型的金融结构聚集区则更容易形成以低风险的传统产业为主的区域产业结构。Acemoglu 等(2006)发现当一国技术水平逐渐靠近国际技术前沿时，本国的自主创新能力就越重要，经济增长动力要从依靠投资转变为依靠自主创新。Acemoglu 和 Guerrieri(2008)进一步从理论角度证明了资本深化和不同部门之间生产要素的差异能导致产业结构优化。Cotugno 等(2013)发现在金融产业机构集聚作用下，产业结构升级的空间溢出效用不仅促进本地区的产业升级,也促进了周边地区产业的发展。

邓向荣和刘文强(2013)验证了金融集聚对中国各地区产业结构升级的贡献,发现银行业集聚对各地区产业结构升级作用最显著,但是不同区域的银行业促进本区域产业结构升级的贡献差异较大。赵婉妤和王立国(2016)也论证了金融发展确实有利于中国产业结构优化升级,但是产业结构升级并未引致金融系统的进一步发展。王曼怡和赵婕伶(2016)基于中国京津冀地区样本发现若地区的金融集聚程度越高,二、三产业占比也就越高,产业结构升级也越快。于斌斌(2017)验证了金融集聚的确促进了中国产业结构升级,但是这一效应在东部和中部地区更强,同时这种积极作用受制于地区的产业发展阶段和城市规模。上述研究通过论证金融集聚支持产业结构升级,可以间接证明金融集聚会影响经济增长,但将金融集聚、产业结构和经济增长三者联系起来的研究不多。苏建军和徐璋勇(2014)则将金融发展、产业结构和经济发展三者联系起来,论证了金融业的空间集聚与产业结构升级是互相促进的,并且这种良性循环会促进经济发展。

(三)集聚效应和扩散效应

金融集聚核心区本身获益于金融集聚效应,Myrdal(1957)认为该效应主要包括外部规模经济效益、网络效益、创新效应、技术进步效益和循环累积效应。由于存在循环累积效应,各种优势也将不断集中。由金融集聚所产生的循环累积效应会使该地区经济出现规模递增效应,促进其经济的增长与发展。金融业本身属于高收入的行业,因此金融集聚区较于非集聚区域将拥有相对更高的收入水平,收入效应也会促进本地区的经济发展。

金融集聚核心区可视为一个增长极,集聚区通过扩散效应影响周围地区,扩散效应包括涓流效应和极化效应。涓流效应是指金融集聚核心区通过向周围地区设立金融分支机构,向周围地区增加投资等途径带动外围地区发展。极化效应是指金融核心区的高效率金融服务提供商与边缘地区低效率金融服务提供商之间的竞争,使得外围地区金融业逐渐萎缩。在区域金融发展初期,"极化效应"拉大区域间的金融差异,而后期"涓流效应"会缩小金融区域差异。

都市发展阶段论认为金融中心是都市发展的最高阶段,各层次的产业优化都需要金融业提供支持。Kindleberger(1973)认为银行业集聚会提高企业的跨地域资金支付效率和金融资源空间配置效率,而金融机构的集中扩散过程会导致金融活动向少数几个金融中心集聚。Porter(1998)指出拥有国际竞争优势的产业是在国内集聚的企业中相互竞争而产生的,集聚带来了竞争,竞争带来了企业降低成本和技术创新。Jaffe(1986,1989,1993)的研究证实了地理空间上的距离对信息传播有影响,尤其是新技术的传播更是受到距离的限制,特别的该研究还指出金融信息的最优传播方式是面对面交流,因此金融企业集聚可以节约学习成本。Feldman 和 Audretsch(1999)专门研究了技术的传播,他们发现空间距离过大会抑制技术传播效果,集群内部企业受益于集聚区内的知识溢出有利于企业提高生产率。Bossone 等(2003)发现对于信息敏感度极高的金融市场而言,资金借贷双方地理空间的集聚有利于双方的信息交流,提供丰富多样的金融产品,满足企业的资金需求,提升产业链利润。Baldwin 等(2001)将资本溢出效应引入 LS 模型,分析了资本溢出效应对金融集聚中心地区经济增长的影响。

第三节 现有研究的评述

学界基本认同经济体的潜在增长率是由供给因素决定的,

要分析未来经济增长趋势不仅要关注潜在产出,更要关注经济潜在增长率。大多研究关注的影响经济潜在增长率的供给因素主要是技术、制度、人口、产业结构等,对金融这一关键要素的关注还不够。任保平(2017)、任保平和段雨晨(2017)、徐翔(2017)、郭晗和任保平(2014)、任保平和周志龙(2015)将中国潜在产出的增长视作中长期经济增长,区别于微观经济学中以要素是否可变作为划分中长期和短期的标准,他认为宏观经济学中区分中长期和短期的标准是要素禀赋结构(技术、制度等)是否发生变化,并主张提升经济潜在增长率需要进行结构改革,尤其是产业结构调整(尚未涉及金融业)。其他学者如蔡昉(2013a,2013b)、陆旸和蔡昉(2013,2014,2016)同样从供给面理解潜在产出,认为中国当前经济潜在增长率的降低是供给面因素导致的,他们深入研究了人口结构对于经济潜在增长率的影响,论证了放宽生育政策的必要性。白重恩和张琼(2015,2016,2017)根据跨国收敛规律预测了中国的劳动生产率和劳动力规模,得到中国经济潜在增长率逐步下降的趋势。魏杰和汪浩(2016)等学者从供给角度对中国经济潜在增长率进行了分析并给出相关建议。

自从2008年金融危机爆发后,许多学者也对现有宏观经济理论提出质疑并进行反思。此次对宏观经济理论最大的诟病在于没有在危机前做出前瞻性预判并提出有效解决方案。后危机时代的反思主要集中于宏观政策框架和监管层面。此次危机导致全球金融系统的平衡重构、全球经济增速放缓。金融发展如何服务于低迷经济是各国面临的重要问题。

一、已有研究的不足

(一)实证研究中难以真正体现长期经济增长的内涵

已有的经济增长理论、经济发展理论和金融发展理论都非常重视长期经济发展,但是囿于技术手段等因素,想要准确衡量经济潜在增长率十分困难。经济潜在增长率决定着未来的经济增长趋势。现实的经济运行过程中,实际经济产出水平总是围绕潜在产出水平上下波动,形成产出缺口。经济潜在增长率不可直接观测,需要借助测度模型。正是由于准确测度潜在产出有技术门槛,许多关于经济增长的实证研究中,并没有区分实际产出水平(或实际经济增长率)和潜在产出水平(或经济潜在增长率)。经济增长理论中的经济增长水平或速度是基于长期视野下讨论的。因此本书致力于将经济潜在增长率作为研究核心,关注中国未来经济运行的长期增长趋势。

(二)金融顺周期性容易导致对经济运行现状的误判

金融发展作为经济发展的重要源泉,始终是经济领域的关注热点。无论是理论研究还是实证研究都论证了金融发展能促进经济增长。金融发展的速度影响经济增长的速度,金融体系的质量也影响经济发展的质量。但是由于金融发展能带来资产价格盛宴,缺乏能及时有效捕捉金融波动影响经济增长趋势的工具,容易让经济监管部门对经济增长速度产生错觉,从而忽略当前的金融发展有可能已经严重偏离其均衡水平这一事实。金融运行的顺周期性质容易造成经济在金融繁荣时期过热,而在金融萧条时期又过于低迷。过去的金融发展理论将信贷作为关注核心,却忽略了房地产价格与信贷之间的螺旋机制会催生金融过度繁荣,导致金融资源错配于获利更快的资本投资领域,侵占技术研发领域的可得资金,拉低金融资源配置效率,损害经济长期增长的核心动力。

(三)经济潜在增长率测度方法缺陷导致产出缺口的决策参考意义受质疑

关于经济潜在增长率的测度模型有许多,有些是纯粹的统计方法,有些虽然包含了经济关系,但是也并未真正将金融因素纳入测度模型中去。传统潜在产出(产出缺口)对衡量经济发展趋势做出贡献,但未包含金融周期运动,因而无法捕捉到金融波动对经济增长趋势的影响程度,在这次金融危机前夕,房价和信贷催生的经济泡沫对经济潜在增长率的危害并没有在当时的产出缺口中提前体现出来。测度方法的失灵导致了对潜在危害的麻痹大意,也使宏观调控部门错失了提前预防和及时补救的机会。

二、本书的努力方向

在最近一次的金融危机后,世界经济增长前景低迷,金融对经济增长的影响机制也愈发复杂。在新形势下,要找到金融发展促进经济增长的途径,需要探寻到两者之间的深层链接。难点在于,其一,探寻金融发展影响经济潜在增长率的理论证据,明晰金融发展是通过什么途径影响到长期经济增长水平的;其二,将金融因素包含到经济潜在增长率中去,也就是在潜在产出(或产出缺口)的测度方法中包含金融可持续发展内涵;其三,在实证角度研究提升中国经济潜在增长率的可行金融改革方向。

从宏观角度而言,明确金融发展提升经济潜在增长率的理论机制可以从经济供给能力出发。集中于资本积累、技术进步这两点,本书致力于建立包含金融部门的经济增长模型,以证明当金融部门存在时,经济潜在增长率会更高。

从具体的测度方法出发,将金融因素纳入经济潜在增长率测度模型可以提高政策调控部门的可操作性。以往的经济潜在增长率测度模型更关注通胀水平,但是2008年金融危机的爆发说明了仅关注物价水平是不足以维持经济稳定增长目标的,在物价稳定的表面下,金融不稳定可以引致经济潜在增长率运行路径的不可持续。依据金融因素调整的产出缺口指标可以提高政策前瞻性,避免金融过度失衡引发的经济大幅波动。

在得到包含金融因素的经济潜在增长率后,可以进一步将它与不包含金融因素的经济潜在增长率进行对比分析,来探寻金融发展提高经济潜在增长率的决定因素。也就是说当需要通过促进金融发展提升经济潜在增长率时,还有什么其他值得关注的非金融关键因素。

从实证角度研究促进金融发展提升潜在增长率的路径时,必须明晰两者的内涵。经济潜在增长率的提升除了需要增加要素投入总量,还要求生产要素之间的比例关系协调,也就是经济结构的优化。金融结构则是金融发展的核心,它深刻影响着经济结构。在新形势下,中国要找到金融发展提升经济潜在增长率的途径,必须聚焦于两者之间的深层链接,即金融结构与经济结构,金融结构与经济结构互相影响,金融结构的优化过程就是主动与符合经济发展需求的产业结构相匹配的过程,也是通过金融发展加速形成新的比较优势的过程,更是恢复中国供给面竞争优化的必经之路。

第三章
金融发展影响中国经济潜在增长率的事实

第一节 中国金融发展的特征及其指标变化

中国金融体制改革到现在已有40年的历程。中国已经建立起相对完善有序的金融体制,总体金融发展水平不断提升。金融发展过程就是金融结构的演进过程,下文从金融发展绝对指标和相对指标,以及融资结构等几方面分析中国金融发展现状。

一、金融资产规模

根据IMF的研究,中国金融资产已接近国内生产总值的四倍。银行业作为中国金融行业的重要组成部分,其资产总额已达到GDP的3倍。就分行业金融资产规模而言,2017年中国银行业金融机构本外币资产达到252万亿元,同比增长8.7%。证券公司数量达到129家,总资产为5.81万亿元。保险行业资产总量约为16.6万亿元。

二、社会融资规模

社会融资规模衡量了实体经济(非金融企业和个人)从金融体系中获得的资金量。中国融资规模(如图3-1)在十几年间基本保持上升趋势,2008年至2009年期间,大规模的经济刺激计划使得社会融资规模大幅上升,往后中国融资规模保持平稳态势。总体上,实体经济对金融资本的需求在不断扩张。

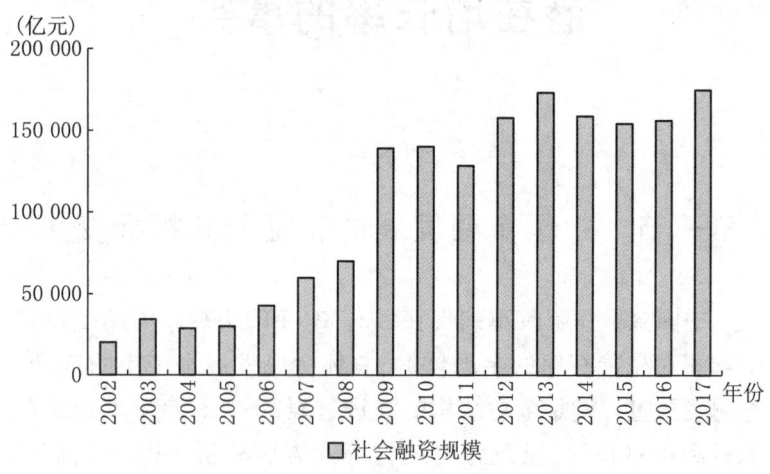

图 3-1　2002—2017 年中国社会融资规模

·资料来源:《中国金融年鉴》编辑部:《中国金融年鉴》,中国金融出版社 2019 年版。

三、货币化比率

单看社会融资规模绝对值的高低还不够,可以继续通过观察经济体的货币化率来判断金融资本拉动实体经济力度。图 3-2 给出货币化比率即广义货币与国内生产总值之比(M_2/GDP),该指标总体趋势是上升的,除了在 2009 年有了较大提升,总体上是稳定的,该比率变化幅度不是很大。从 2000 年到 2017 年,货币化比率上升了近 5 个百分点,可见中国金融资本对实体经济发展的影响力不断提高。

2017 年 M_2 余额同比增长 8.2%,增速较低,在保证货币信贷总体供给背景下主动去杠杆,有利于金融机构稳健经营,降低

金融系统性风险。因而 2017 年货币化比率稍有下降。

图 3-2　2000—2017 年中国货币化比率

• 资料来源：《中国金融年鉴》。国家统计局编辑部：《中国统计年鉴》，中国统计出版社 2019 年版。

四、金融深化程度分析

私营部门信贷是实体经济部门中非金融类企业、居民和非盈利机构的信贷规模总和，由于公共部门债务水平逆周期变化而被剔除。一般而言，私营部门信贷规模与实体经济运行周期是顺周期关系，因而这一指标能更好地反映实际经济运行情况。根据修正 MM 定理，企业存在最优资本结构，实证研究也表明政府部门、企业和居民的杠杆率都存在最佳阈值。私营部门信贷占 GDP 的比重是衡量金融发展、金融深化程度指标之一，该指标越高表明金融深化程度越高，但保持适度的杠杆率是满足经济运行所必需的，过高的杠杆率会削弱经济的抗风险能力。下面选取了几个国家的数据进行国际对比分析。

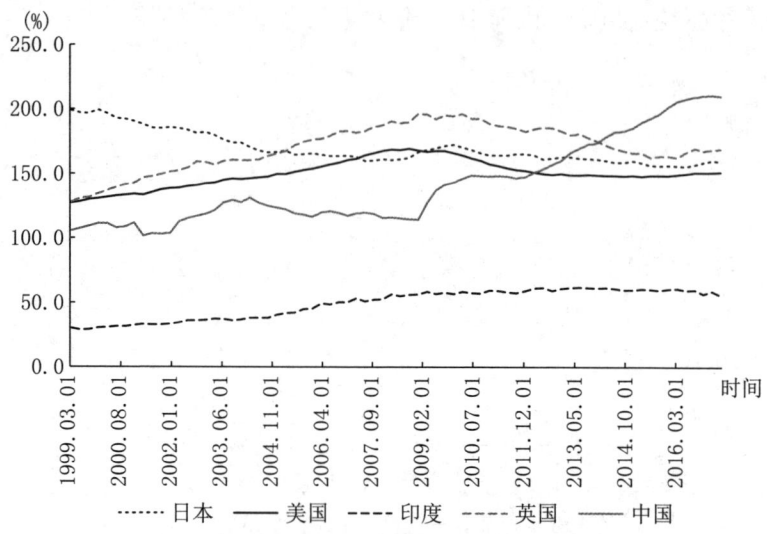

图 3-3　部分国家非金融私人部门信贷占 GDP 百分比部分时间段比较

· 资料来源：作者自制。以下未标明者同此。

以 2008 年金融危机为节点，在此之前，美国、英国的私人部门信贷/GDP 比值已达到高位，在危机过后，这一比值不断下降，经济去杠杆现象很明显。日本的拐点则稍晚一点，发生在 2010 年左右。印度的私人部门信贷/GDP 比值一直都不高，且比较稳定。中国在 2008 年前私人部门信贷/GDP 比值虽有小幅上升，但绝对值并不高，在 2008 年过后至 2011 年期间，私人部门信贷/GDP 比值小幅攀升，但并未超过 150%；2012—2015 年，该比率陡然上升，越过 200%，2016 年该比率增长态势开始放缓。

就该比率的绝对值而言，中国的私人部门信贷/GDP 比率是所考察国家中最高的。根据 IMF 估算，中国信贷占 GDP 比重高于均衡值 25%。在金融深化水平不断提高的背景下，中国必须关注信贷规模快速扩张所带来的潜藏风险。

五、融资结构分析

（一）全国层面

根据国家统计局的数据可以计算得到全国层面的间接融资与直接融资比重，如图3-4所示。

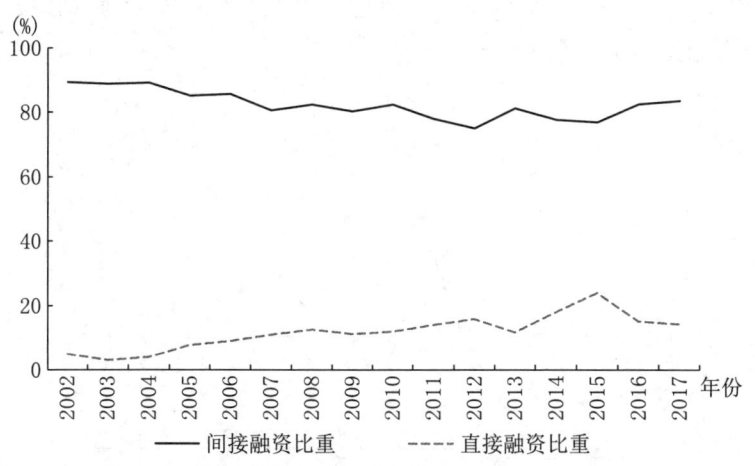

图 3-4 2002—2017 年中国间接融资、直接融资比重对比图

- 数据来源：《中国金融年鉴》和《中国统计年鉴》。

2002—2017年期间，全国层面的间接融资比重走低，直接融资比重保持上升趋势。近几年虽然间接融资比重又稍有上升，直接融资比重也稍有下降，但是直接融资比重不断上升的趋势并未改变。经济发展水平提高势必会要求融资渠道的多样化，技术进步驱动的经济增长会引起企业更倾向于通过资本市场进行融资。

（二）地区层面

将中国港澳台地区以外的31个省分为东部、中部与东北部以及西部这三块区域分别考察地区融资结构。用直接融资规模除以间接融资规模得到区域融资结构。东部地区最高,西部地区最低,中部和东北地区位于中间。进一步考察三个地区的融资结构均值,2001 年到 2015 年间东部地区融资结构平均为 0.236 2,中部地区与东北地区均值为 0.149 0,而西部地区均值为 0.136 6,这与相应区域经济发展水平是对应的。东部地区的经济发展水平最高,经济结构也更要优于其他区域,因而直接融资规模远高于其他地区。

图 3-5　2001—2015 年分地区社会融资结构

• 资料来源:作者自制。

自 2000 年以来中国金融发展水平不断提高,金融体系规模不断扩大,银行业是金融系统的主导行业,证券业的重要性也逐渐凸显,融资方式更加多样化。目前中国的金融资本大多依靠信贷渠道发放,私人部门信贷占 GDP 比重上升较快。IMF 研究表明中国私人部门信贷占 GDP 比重缺口过高,信贷规模过度偏离均衡水平,极易引起经济潜在增长率的不可持续,中国经济需要去杠杆。中国东部地区直接融资比重最高,然后是中部和东北部,最后是西部地区。这与分地区经济发展水平是相对应的,经济发展水平越高的地区直接融资比重也越高。

第二节 中国经济潜在增长率的估计及变化趋势

一、中国总体经济潜在增长率的估计及变化趋势

中国总体经济潜在增长率是用 HP 滤波法计算的。HP 滤波法由真实经济周期理论的奠基者 Hodrick 和 Prescott(1997)提出。该方法将实际产出视作由长期趋势部分(潜在产出)和短期波动部分(产出缺口)组成,

$$Y_t = Y_t^* + Y_t^c \tag{3.1}$$

其中,Y_t 为现实产出,Y_t^* 为潜在产出,Y_t^c 是波动成分即产出缺口,$t=1, 2, \cdots, n$。HP 滤波器的损失函数如下:

$$\min\left\{\sum_{t=1}^{T}(Y_t - Y_t^*)^2 + \lambda \sum_{t=1}^{T}\left[(Y_t^* - Y_{t-1}^*)(Y_t^* - Y_{t-2}^*)\right]^2\right\} \tag{3.2}$$

其中,λ 为平滑参数。张连城和韩蓓(2009)认为当使用 HP 滤波法估算潜在产出时,平滑参数取 100 能更好地捕捉潜在产出的长期增长路径,取 6.5 则能更好地捕捉潜在产出的波动性。此处的平滑参数取值与殷德生(2014)和殷德生等(2017)的研究一致,分别取 100 和 6.25 来测度中国的经济潜在增长率。原始数据来自中经网数据库,采用 GDP 平减指数计算出 1978 年为基期的不变价 GDP,在此基础上计算潜在产出,继而得到经济潜在增长率,结果呈现在图 3-6 中。经济实际增长率是当年

的 GDP 增长速度。

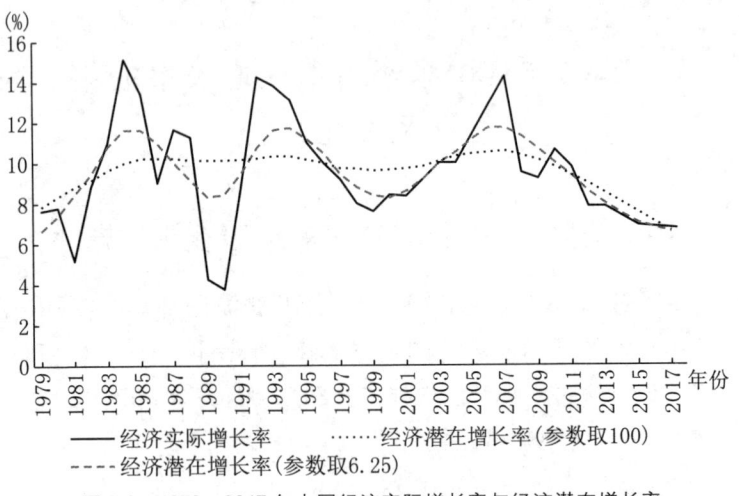

图 3-6 1979—2017 年中国经济实际增长率与经济潜在增长率

• 资料来源：作者自制。

从经济实际增长率与经济潜在增长率的结果来看，中国经济运行趋势有如下变化特征：(1)中国经济增长的周期性特征明显。从图 3-6 中可以观察到非常明显的三个周期，分别是样本考察期内的 1979—1989 年、1990—2000 年、2001—2017 年。这几个经济周期的上升阶段分别受益于改革开放、邓小平南方谈话和加入 WTO 这些政策利好。值得注意的是 2008 年金融危机开启了中国经济的下行周期，2013 年后中国经济潜在增长率跌破 8%，低于之前历次经济周期中的经济潜在增长率的最低点。这意味着中国进入了新的经济周期，中国经济运行进入了新常态。从 2000 年加入 WTO 算起这个周期已经有 17 年，要长于前两个周期，可见此次经济回调时间更长。(2)中国经济潜在增长率的高峰期都伴随着金融部门的重大发展。中国经济潜在增长率在 2007 年到 2017 年间从两位数回落到 6%—7% 区间。无论是平滑参数取 100 时还是取 6.25 时,中国的经济潜在增长率维持在两位数的区间有 1991—1997 年、2000—2007 年。这两个时期内都伴随着中国金融市场的重大改革。1990 年开启了股票市场,1994 年启动了人民币汇率改革,1995 年提出了利率市场化改革的基本思路,1996 年 6 月银行间同业利率放开,1997 年 6 月债券市场债券回购和现券交易利率放开,2004 年 10 月贷款利率上限取消,2005 年 3 月金融机构同业存款利率放开。

二、中国区域经济潜在增长率的估计及变化趋势

在分析各地区的经济潜在增长率时,HP 滤波法的参数取 6.25,以更好地呈现各区域经济运行趋势的差异性,结果呈现在图 3-7 中。

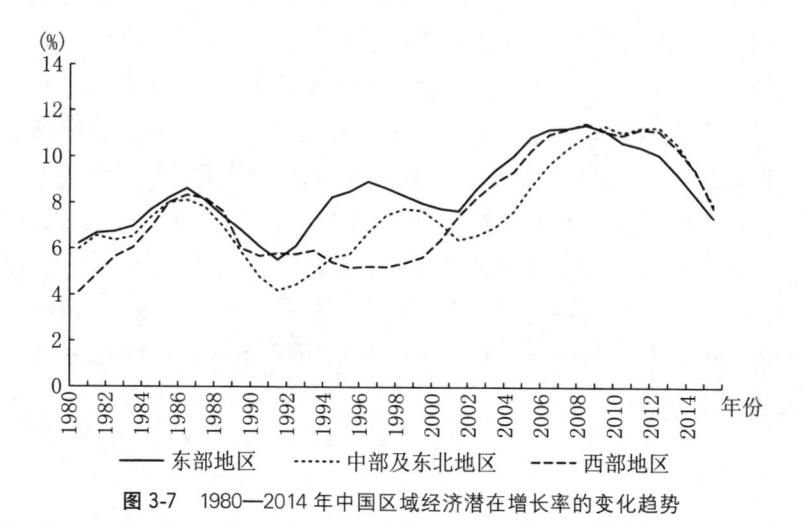

图 3-7 1980—2014 年中国区域经济潜在增长率的变化趋势

• 资料来源:作者自制。

总体上东部地区的经济潜在增长率最高,其次是中部及东北地区,再次是西部,可见东部地区依然是中国未来经济发展动力最强的区域。从图3-6和图3-7来看,国家层面的经济潜在增长率与区域层面的经济潜在增长率的整体走势比较相似。在1980—1990年这个经济周期内,三个区域的波峰波谷几乎都是同时出现的。各地区都在1985年左右迎来经济周期的波峰,并在1990年前后抵达此次经济周期的波谷。在此之后,各地区的波峰波谷的到达时间就没那么一致了。东部地区在1995年率先迎来第二个经济周期的波峰,中部(及东北)地区在1998年才迎来第二个波峰,比东部地区晚了三年。西部地区在此期间并未见明显的经济增长高峰。东部和中部(及东北)地区的第二波经济周期到2000年前完成回调,此时恰逢中国加入WTO,三个地区都迎来了新一轮的经济上升周期。此次东部地区仍然率先于2005年左右到达波峰,比中部(及东北)和西部地区要提前了2—3年。第三次的经济增长周期在2008年之后逐渐下行,各地区也先后进入新旧动能转换时期。东部地区的经济下行周期要稍缓于其他地区,中部(及东北)和西部地区经济潜在增长率的下行曲线更陡。总体而言中国各区域中东部地区经济发展更稳定,在经济上升周期增速更快,在经济下行周期降速更慢,面对外部冲击时的经济回调能力也更强。中部(及东北)和西部地区则恰好相反,这两个地区从经济周期低谷到达高峰的时间更长,经济上行的启动周期更长,经济下滑的回落幅度更大,可见这两个地区的经济发展的稳定性有待提升。

第三节 中国金融发展与经济潜在增长率变化的同步性特征

一、中国金融发展的起落与经济增速的快慢调整保持步调一致

中国经济潜在增长率的上升周期分别始于1978年改革开放后,邓小平南方谈话后以及加入WTO后。20世纪90年代以来,中国经济潜在增长率在两位数以上的年份基本上都伴随着金融系统的重大改革。例如,1990年开启了股票市场,1994年启动了人民币汇率改革,1995年提出了利率市场化改革的基本思路,1996年6月银行间同业利率放开,1997年6月债券市场债券回购和现券交易利率放开,2004年10月贷款利率上限取消,2005年3月金融机构同业存款利率放开。可见,金融系统的资源配置效率是提升中国经济潜在增长率的核心动力。中国经济每次加速发展的时候,都伴随着金融产业向更高水平的攀升。

2008年正是全国金融危机蔓延之时,中国的经济潜在增长率也在此时开始趋缓,尤其是2012年以后进入了明显的回调期。中国货币化比率在2008年前后呈现出两种变化态势,在2008年之前比较平稳,在2008年之后逐渐上升,可见中国资本要素配置效率逐渐走低。中国的信贷规模在2012年之后也是不断攀升,私人部门信贷风险不容小觑。可见经济潜在增长率的起落与资本要素配置效率的升降有着明显的关系。

二、中国各地区金融发展水平与区域经济潜在增长率正相关

根据各省的融资结构来看,东部地区的金融发展水平最高,而东部地区的经济潜在增长率也是最高的,这又再次说明无论是国家层面还是区域层面,金融发展对于经济潜在增长率是至关重要的。东部地区拥有中国最强的金融中心城市,具备强大的资本配置优势,这自然会更有利于本地区的经济发展。上海、北京、广州这些金融发达城市通过辐射周围地区,提升周围地区金融发展水平。这些金融空间运动过程伴随着金融效率的空间调整和提升,最终形成高效的金融资源空间配置机制来促进区域经济增长。

三、中国私人部门杠杆率过高可能会降低经济潜在增长率

2008年和2012年是中国私人部门信贷占GDP比重迅速提高的时间点,对应的却是中国实际GDP增长率开始加速下降的时间。私人部门信贷占GDP比重是金融周期的核心指标,可用来衡量金融稳定性。其实在2008年以前中国私人部门信贷占GDP比重就已经越过IMF的警戒值,因而继续扩大信贷规模不仅未缓解经济下行,反而加剧了经济下滑速度。无论是企业还是居民抑或是政府都有最优负债区间,过高的杠杆率意味着经济体积聚了过高的风险,自然不利于经济长远发展。信贷规模快速扩张会导致金融系统不稳定,金融波动又会引发经济波动。因而要想保持经济稳定发展就必须保持信贷规模在合理区间,重视金融系统的稳定可持续发展。2015年开始中国私人部门信贷占GDP比重开始趋稳,不再继续攀升,相应的在2015年末,中国经济实际增长率和经济潜在增长率的下滑步伐也开

始放缓。可见当一国杠杆率超过安全区域后,保持信贷规模平稳,降低信贷增速是有利于经济长期发展的。

第四节　金融发展与经济潜在增长率的互动过程

金融发展源于实体经济的需求,实体经济是金融业发展的基础。金融体系凭借金融机构功能、金融制度完善和金融集聚功能影响物质资本、人力资本、技术水平等生产要素在时空中的配置效率。金融系统不仅可以通过影响其他生产要素来影响经济增长,金融本身也是重要的经济增长源泉。金融资源运动、金融工具创新以及金融系统发展,这一系列的动态过程形成了金融周期。生产要素变动以及各生产要素之间的关系演进又形成了实体经济运动周期。根据徐徕(2018)的研究,金融周期与实体经济周期紧密相连,金融周期与实体经济周期互动关系,具体互动机制可见图3-8。

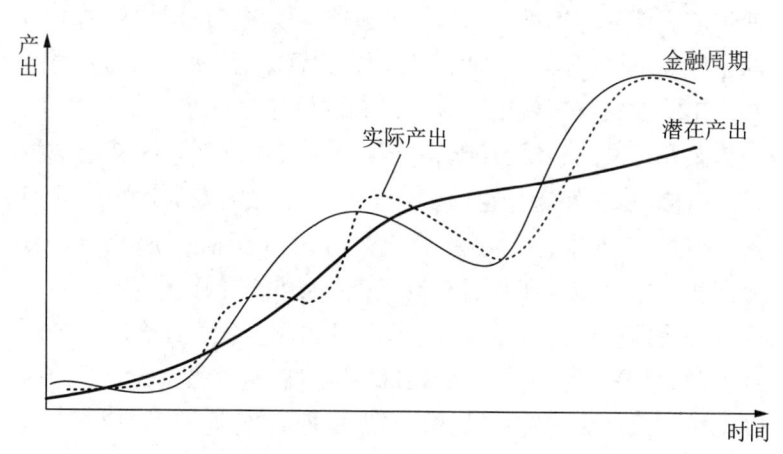

图3-8　金融周期与实体经济周期互动关系

• 资料来源:作者自制。

最粗的黑线是潜在产出水平,细黑线是金融周期,虚线是实际产出。假设不存在战争和政局动荡,潜在产出水平总体是呈上升趋势的,实际经济产出水平围绕潜在产出水平上下波动形成经济周期。金融周期的长度和深度都要大于实体经济周期,在金融周期上行阶段,实体经济的上升幅度更大,正产出缺口更大;而在金融周期的下行阶段,实体经济的下降幅度更深,负的产出缺口更大。金融周期的上行和下行阶段往往领先于实体经济而出现,金融萧条往往预示着实体经济低迷,而金融复苏往往预示着实体经济向好。

在金融、经济周期的背后是金融系统风险的聚集、分散过程,也是金融资源与实体经济结构的配置效率高低转变过程。最终呈现出来的是金融周期的兴衰交替与产出缺口的正负波动。金融发展与实体经济之间的互动过程具体分析可以参见图3-9。

金融体系的基本功能就是资源配置功能,金融资本是重要的生产要素,金融体系通过将资本分配到各个领域可以带动其他生产资源的连锁反应。如果金融资本被更多地配置到高效率的生产领域(资本的倾斜也会带动人力资本、技术的流动),对潜在产出的积极作用就很大。如果金融资本被配置到低生产率、规模报酬递减的领域,那么整个社会的资本配置效率就会被拉低,实体经济长期走势也会低迷。结合金融周期的运行规律而言,金融繁荣时期,资本虽然是充裕的,但由于信息不对称,信贷分配机制本身偏好那些拥有更好抵押物的部门或企业,因而金融业和房地产业在金融繁荣时期往往占尽先机。在金融繁荣时期,银行息差会增加,这让金融机构本身就有扩张信贷规模的内在动机。因而金融资本"天然"亲近抵押品快速升值的行业。这对投资期限长、投资风险高的高技术创新性产业是不公平的。因为高技术产业本身受金融周期影响较小,产业发展不是顺金

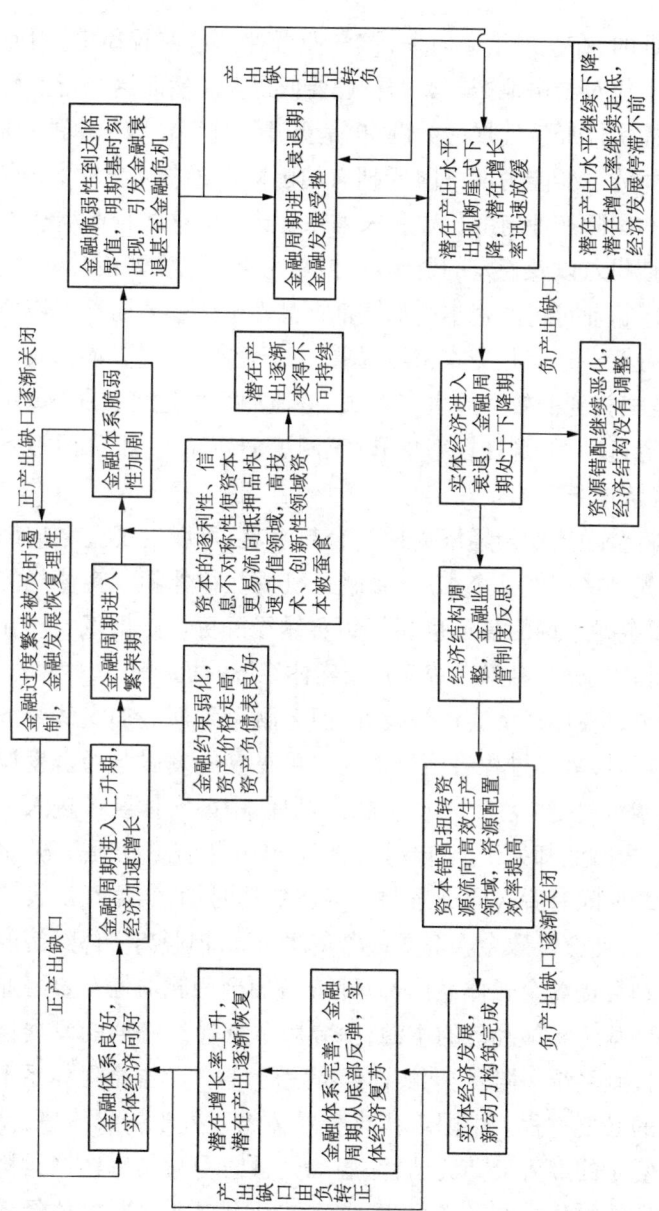

第三章　金融发展影响中国经济潜在增长率的事实 | 49

图 3-9　金融发展与实体经济之间的互动过程

融周期的,在金融繁荣时期,该产业抵押品价值较稳定,因而可得资本相对于房地产之类的行业要低得多。然而这些行业恰恰是支撑实体经济发展的关键,也是提升经济潜在增长率的核心。经济体的创新能力即一国所拥有的国际前沿技术水平,决定着该国在国际产业链的位置和未来发展趋势。这些行业需要大量的前期投入以及稳定的资本流,但是在金融过度繁荣时期,这些高技术行业可得的资本被那些抵押品在金融繁荣期更值钱的行业所蚕食。这就是资本错配现象,生产资本(物质资本和人力资本)被配置到低效率的生产领域,房地产行业过度扩张,基建领域投资过度,经济杠杆率攀升,压制了创新动力,投资回报率下滑,经济增长乏力。

将金融周期与经济周期结合起来看,可以发现金融周期往往领先经济周期几个季度,金融危机后往往伴随着实体经济下滑,而金融市场的复苏也能带领实体经济更快走出低谷。在繁荣期和萧条期,金融系统作用于实体经济的机制是非对称的,金融繁荣时实体经济会更快拉升;而金融萧条期叠加实体经济下行周期时,复苏过程将格外漫长。可见金融发展与经济发展保持协调是关键。在上一次金融危机后,中国实体经济进入下降通道,金融业却处于上升周期,直至2016年有了见顶态势,金融业在此期间有脱实向虚态势。经济低迷时期,实体经济投资机会少,自然会导致金融资本远离实体经济,但脱离实体经济的资本逐利会提高金融体系内部风险,增加金融脆弱性。金融业发展回到基于实体经济的本源,探寻服务低迷经济期的发展模式可以控制系统风险、拉动实体经济发展,这是中国金融体系不断完善的必要过程。中国现代化金融体系还处于初级阶段,没有经历复杂的经济周期波动,深层次金融结构与实体经济结构之间的良性循环机制尚未形成,这次推动金融业回归实体经济的政策导向本质上是引导金融体系的深层次改革,加快现代金融体系的构建进程。

通过分析金融与实体经济发展的互动过程,可以发现金融发展提升经济潜在增长率的关键在于提高金融资源配置效率。要实现这一目标的前提是保证金融与经济关系协调,这其中有三层含义:一是关注基础性核心金融资源和实体性中间层次金融资源能满足实体经济发展需求,关键在于支持实体经济创新。二是重视金融系统的空间资源配置功能。在国内,金融体系应该与国内城市层级匹配;在国际,金融体系应该为本国产业向更高的国际产业链攀升提供便利。这就要求一国金融体系的构建必须有足够的前瞻性,金融系统的发展应该与未来的经济发展目标相匹配,并不仅局限于当前的经济现状。三是将金融制度视作社会制度重要组成部分,关注金融系统的整体功能性高层金融资源即金融制度、法律、法规、标准、激励和反馈等系统功能。

第四章
金融发展影响经济潜在增长率的理论机理

第一节 引 言

经济潜在增长率的提高可以拓宽生产可能性边界,这一过程既是经济总量的扩大也是经济效率的提升,更是经济结构的优化。金融发展的内涵十分广泛,最核心的含义可以归纳为金融发展水平的提高和金融结构的优化引致的金融可持续发展。金融作为重要的经济增长源泉,其对经济潜在增长率的作用是从供给层面起作用的。本章从资本积累和技术进步出发,研究金融发展影响经济潜在增长率的机制。经济潜在增长率是潜在产出的增长速度,潜在产出是经济体的稳态产出减去产出缺口,因而金融发展对潜在产出和稳态产出的影响方向相同,相应的金融发展对经济潜在增长率和稳态产出增长率的影响方向也相同。本章建模的关键在于证明金融发展可以提高稳态产出增长率,也就证明了金融发展能提升经济潜在增长率。

金融发展与经济潜在增长率的研究涵盖于金融与经济关系研究领域之中。金融发展与经济增长的研究大致分为三个阶段:第一个阶段是经济增长理论中的金融因素的作用研究,这一阶段的研究并没有单独将金融因素抽取出来,而是隐含在各派经济增长理论之中,主要体现在对资本积累过程的关注上。第二个阶段是金融发展理论的形成和发展,专门研究金融因素在经济增长过程中的作用,主要是金融发展与经济增长的相关性研究,实证研究的重点也放在确定金融发展与经济增长之间的因果关系上。第三个阶段是金融发展理论与内生增长理论的融合,这一阶段的经济学家对金融系统的功能有了新的认识,内生增长理论的产生为深入研究金融发展和经济增长的关系提供了理论基础。

新古典增长模型假定技术水平外生给定,产出增长率取决于外生技术进步率和人口增长率。金融部门只是作为资金供需方的中介而存在,并不参与最终产品的生产和技术的研发,因而金融部门只能带来物质资本投资的增加,但是资本的边际产出是递减的,因而金融部门对总产出而言只有水平效应而无增长效应。内生增长模型则将技术内生化,实体经济可以依靠物质资本投资增加、技术创新和人力资本积累这个三个渠道实现内生增长。在资本外溢模型和人力资本模型中,金融部门作为资本供需双方的中介方,可以提高储蓄—投资转化效率,促进物质资本投资增加,加速技术进步和人力资本的积累。在技术创新模型中,金融部门不仅作为资本供需双方的中介方,提高储蓄—投资转化效率,还承担着风险资本家的职能,向风险性技术创新活动提供股权融资,从而提高了技术进步率和经济增长率。因此较之于新古典增长模型,在内生经济增长模型中,金融发展兼具水平效应和增长效应。

本章致力于建立包含金融部门的经济增长模型,以证明当金融发展水平提升时,潜在产出和经济潜在增长率也会提升。下文的安排如下:首先进行数学建模,将金融部门纳入内生经济增长模型;其次进行数值模拟分析确定不同参数对经济增长的影响路径;然后建立不包含金融支持技术创新功能的增长模型,并与之前的模型结果进行对比分析,以进一步明确金融发展的作用;最后基于前文分析提出相应的总结性评述。

第二节 基本模型

基于内生经济增长模型,将金融发展作为内生变量纳入经济增长模型之中,建立包含家庭部门、厂商部门、金融部门、技术研发部门(R&D 部门)和教育部门的五部门经济增长模型。金融部门根据功能划分为普通存贷部门和金融创新部门,着重考察金融部门的储蓄投资转化功能和支持技术创新功能。

经济潜在增长率是潜在产出的增长速度,是经济运行趋势变动的核心指标。潜在产出就是稳态产出减去产出缺口后的趋势性成分。用公式可以表示为:$Y' = Y - gap$。其中 Y' 是经济体的潜在产出,Y 是经济体的稳态产出,gap 是产出缺口即经济随机波动部分。于是研究金融发展对经济潜在增长率的影响就可以通过分析金融发展对经济稳态增长率的影响来实现。

一、家庭部门

假定家庭的效用函数是标准的固定弹性效用形式,

$$U(C_t) = \int_{t=0}^{\infty} \frac{C_t^{1-\sigma}}{1-\sigma} e^{-\rho t} dt \tag{4.1}$$

$U(C_t)$ 是 t 时刻的瞬时消费效用函数,σ 是相对风险厌恶系数($\sigma > 0$)。ρ 是贴现值($\rho > 0$),该系数越大,说明消费者更倾向于在当期消费。

二、厂商部门

假定市场上代表性厂商的生产函数遵循 C-D 函数形式,总生产函数可以表示为：

$$Y_t = A_t^\alpha K_t^\beta L_{Y_t}^\gamma \tag{4.2}$$

A_t 是技术水平，K_t 是物质资本存量，L_{Y_t} 是投入到实物产品生产领域的人力资本量。α,β,γ 分别是技术的产出弹性、物质资本的产出弹性以及人力资本的产出弹性（$0<\alpha<1$，$0<\beta<1$，$0<\gamma<1$）。

三、金融部门

（一）普通存贷部门

银行存贷部门通过吸收存款并放贷给资金需求方，依据大数定律来预测存款提取需求。银行中介部门的存在降低了投资的内源融资需求，也减少了因流动性需求而持有的现金数量，从而动员储蓄提高储蓄—投资转换效率。如果缺乏金融中介机构，生产投资会出现过度依赖内源融资的情况，导致生产周期过长，因而许多理论都认为银行中介的出现，将会让社会形成更有利于生产投资的储蓄—投资模式，即金融中介部门的存在本身就会提高经济增长率。普通存贷部门通过影响储蓄—投资转化效率来影响资本积累。资本运动方程可以表达如下：

$$\dot{K} = s(Y-C) - \delta K = DF(Y-C) - \delta K, \quad s = DF \tag{4.3}$$

其中 s 是储蓄投资转化率（$0 \leqslant s \leqslant 1$），$D$ 是金融中介生产率参数（$D>0$），F 是金融发展水平（$0<F<1$）即金融创新产品数量，一般来说金融体系越发达，投资水平就越高，即 $\partial \dot{K}/\partial F > 0$。$\delta$ 是物质资本折旧率（$0<\delta<1$）。

(二) 金融创新部门

金融创新部门需要开发新的金融产品来支持高风险的技术研究项目。金融创新部门的产出取决于该部门的人力资本投入和现有金融产品数量,金融创新部门的生产函数可以设为:

$$\dot{F} = \theta L_F^{\varepsilon} F^{\eta} \tag{4.4}$$

θ 是外生给定的金融创新部门生产率参数;L_F 是投入到金融创新部门的劳动力;ε 为劳动力投入产出效率;F 是现有金融产品存量,金融发展水平体现为金融产品数量的增加;η 衡量了在现有金融产品存量下所对应的金融发达水平对金融创新部门发展的影响。参数取值范围是 $\theta > 0, 0 < \varepsilon < 1, 0 < \eta < 1$。

四、技术研发部门

依据 Hicks(1969)的研究成果,技术研发水平取决于人力资本投入、现有技术水平和金融体系支持。传统的研发函数只考虑已有知识存量和研发人员投入(Aghion 和 Howitt, 1992),本模型则将金融发展水平参数 F 加入研发部门以考察从金融部门获得技术创新的融资支持是否影响经济产出水平。R&D 部门生产函数可以设为:

$$\dot{A} = \vartheta L_A^{\phi} A^{\xi} F^{\nu} \tag{4.5}$$

ϑ 是外生 R&D 部门生产率参数,L_A 为投入该部门的劳动力,A 衡量社会中现有技术存量,$\dot{A}$ 是技术增量;ϕ 是投入到研发部门的人力资本产出效率;ξ 是已有技术水平的产出弹性;ν 代表金融部门在研发部门中的生产效率,也就是技术发展水平对金融创新产品的弹性。$\vartheta > 0, 0 < \phi < 1, 0 < \xi < 1, 0 < \nu < 1$ 代表随着投入到技术研发部门的劳动力增加,技术创新率也会提

升,然而 $\phi<1$ 代表当人力资本过度投入则会带来人力资本对技术创新率的边际效用递减。$0<\xi<1$ 代表现有技术存量越大,研发部门的技术创新率就越高,但是随着技术知识水平的提高,技术创新的难度也会越来越大。

五、教育部门

Levine(1997)认为金融发展主要通过资本积累和技术进步促进经济增长,这实际上是将人力资本积累包含在技术进步之中了,其实这两者并不完全相同。Romer(1989)从竞争性和排他性特征出发,认为知识技术是非竞争性、非排他的,而人力资本具有竞争性和排他性。一方面,人力资本内附于人体,知识技术则独立存在,拥有人力资本的个人不能同时在多个地方,也不能同时做多件事,但是知识技术可以依附于物体,也可应用于多处。另一方面,人力资本的所有权完全归属于其所依附的经济主体,且可在市场上交易,而知识技术在一般情况下是可以被复制得到的,不具备排他性。

经济中的每个个体既是生产者也是消费者,为分析简便不考虑人口增长,经济中的人力资本供给分别进入产品生产领域、技术创新领域和金融领域,剩余劳动力则投入人力资本开发部门,成为人力资本积累。借鉴 Uzawa(1965)和 Lucas(1988)的研究成果,将人力资本累积增量函数设定为如下形式:

$$\dot{L}_E = \mu * L_E = \mu(L - L_Y - L_F - L_A) \tag{4.6}$$

μ 是人力资本部门生产率参数 $(\mu>0)$,L_E 是投入到人力资本开发部门(教育部门)的劳动力数量。$\dot{L}_E$ 是人力资本部门开发部门(教育部门)的劳动力增加量。L 是社会中劳动力总和。

第三节 最优均衡结果

一、动态最优化分析

假设目标是寻求家庭在无限期内的效用最大化,根据上文所述,可以将最大化规划表示为:

$$\text{Max} \int_{t=0}^{\infty} \frac{C_t^{1-\sigma}}{1-\sigma} e^{-\rho t} dt \quad (4.7)$$

s.t.

$$Y_t = A_t^{\alpha} K_t^{\beta} L_{Y_t}^{\gamma} \quad (4.8)$$

$$\dot{K}_t = s_t(Y_t - C_t) - \delta K_t \quad (4.9)$$

$$s_t = D_t F_t \quad (4.10)$$

$$\dot{F}_t = \theta_t L_{F_t}^{\varepsilon} F_t^{\eta} \quad (4.11)$$

$$\dot{A}_t = \vartheta_t L_{A_t}^{\phi} A_t^{\xi} F_t^{\nu} \quad (4.12)$$

$$\dot{L}_{E_t} = \mu_t L_{E_t} = \mu_t (L - L_Y - L_F - L_A) \quad (4.13)$$

建立汉密尔顿函数,

$$H = \frac{C_t^{1-\sigma}}{1-\sigma} e^{-\rho t} + \lambda_1 [D_t F_t (A_t^{\alpha} K_t^{\beta} L_{Y_t}^{\gamma} - C_t) - \delta K_t] + \lambda_2 [\theta_t L_{F_t}^{\varepsilon} F_t^{\eta}] \\ + \lambda_3 [\vartheta_t L_{A_t}^{\phi} A_t^{\xi} F_t^{\nu}] + \lambda_4 [\mu_t (L - L_Y - L_F - L_A)] \quad (4.14)$$

横截性条件:

$$\lim_{t \to \infty} \lambda_1 K = 0$$

$$\lim_{t \to \infty} \lambda_2 F = 0$$

$$\lim_{t \to \infty} \lambda_3 A = 0$$

$$\lim_{t\to\infty}\lambda_4 L_E = 0$$

控制变量为 C, L_Y, L_F 和 L_A, 于是最大化汉密尔顿函数的一阶条件为:

$\frac{\partial H}{\partial C} = 0$, $\frac{\partial H}{\partial L_Y} = 0$, $\frac{\partial H}{\partial L_F} = 0$, $\frac{\partial H}{\partial L_A} = 0$。即:

$$\frac{\partial H}{\partial C} = C^{-\sigma}e^{-\rho t} - \lambda_1 DF = 0 \tag{4.15}$$

$$\frac{\partial H}{\partial L_Y} = \gamma\lambda_1 DFA^\alpha K^\beta L_Y^{\gamma-1} - \lambda_4\mu = 0 \tag{4.16}$$

$$\frac{\partial H}{\partial L_F} = \varepsilon\lambda_2\theta L_F^{\varepsilon-1}F^\eta - \lambda_4\mu = 0 \tag{4.17}$$

$$\frac{\partial H}{\partial L_A} = \phi\lambda_3\vartheta L_A^{\phi-1}A^\xi F^\nu - \lambda_4\mu = 0 \tag{4.18}$$

整理得:

$$C^{-\sigma}e^{-\rho t}D^{-1}F^{-1} = \lambda_1 \tag{4.19}$$

$$\gamma\lambda_1 DF\frac{Y}{L_Y} = \lambda_4\mu \tag{4.20}$$

$$\varepsilon\lambda_2\frac{\dot{F}}{L_F} = \lambda_4\mu \tag{4.21}$$

$$\phi\lambda_3\frac{\dot{A}}{L_A} = \lambda_4\mu \tag{4.22}$$

欧拉方程为:

$$\frac{\partial H}{\partial K} = -\dot{\lambda}_1,\ \frac{\partial H}{\partial F} = -\dot{\lambda}_2,\ \frac{\partial H}{\partial A} = -\dot{\lambda}_3,\ \frac{\partial H}{\partial L_E} = -\dot{\lambda}_4 \tag{4.23}$$

整理可得:

$$\frac{\partial H}{\partial K} = \beta\lambda_1 DFA^\alpha K^{\beta-1}L_Y^\gamma - \lambda_1\delta = -\dot{\lambda}_1 \qquad (4.24)$$

$$\frac{\partial H}{\partial F} = \lambda_1 D(Y-C) + \eta\lambda_2(\theta_t L_t^\varepsilon F_t^{\eta-1}) + \nu\lambda_3(\vartheta L_A^\phi A^\xi F^{\nu-1}) = -\dot{\lambda}_2$$
$$(4.25)$$

$$\frac{\partial H}{\partial A} = \alpha\lambda_1 DFA_t^{\alpha-1}K_t^\beta L_{Y_t}^\gamma + \xi\lambda_3 L_A^\phi A^{\xi-1}F^\nu = -\dot{\lambda}_3 \qquad (4.26)$$

$$\frac{\partial H}{\partial L_E} = \mu\lambda_4 - \dot{\lambda}_4 \qquad (4.27)$$

整理得：

$$\beta\lambda_1 DF\frac{Y}{L_Y} - \delta = -\frac{\dot{\lambda}_1}{\lambda_1} = -g_{\lambda_1} \qquad (4.28)$$

$$\frac{\lambda_1}{\lambda_2}D(Y-C) + \eta(\theta_t L_t^\varepsilon F_t^{\eta-1}) + \nu\frac{\lambda_3}{\lambda_2}(\vartheta L_A^\phi A^\xi F^{\nu-1}) = -\frac{\dot{\lambda}_2}{\lambda_2} = -g_{\lambda_2}$$
$$(4.29)$$

$$\frac{\lambda_1}{\lambda_3}\alpha DFA_t^{\alpha-1}K_t^\beta L_{Y_t}^\gamma + \xi L_A^\phi A^{\xi-1}F^\nu = -\frac{\dot{\lambda}_3}{\lambda_3} = -g_{\lambda_3} \qquad (4.30)$$

$$\mu = -\frac{\dot{\lambda}_4}{\lambda_4} = -g_{\lambda_4} \qquad (4.31)$$

Y、K、F、A、L_E 五组变量的增长速度为：

$$g_Y = \frac{\dot{Y}}{Y} = \alpha g_A + \beta g_K + \gamma g_{L_Y} \qquad (4.32)$$

$$g_K = \frac{\dot{K}}{K} = \frac{DF}{K}(Y-C) - \delta \qquad (4.33)$$

$$g_F = \frac{\dot{F}}{F} = \theta L_F^\varepsilon F^{\eta-1} \qquad (4.34)$$

$$g_A = \frac{\dot{A}}{A} = \vartheta L_A^{\phi} A^{\varepsilon-1} F^{\nu} \tag{4.35}$$

$$g_{L_E} = \frac{\dot{L}_E}{L_E} = \mu \tag{4.36}$$

二、经济增长稳态结果

在平衡增长路径上,各变量以不变增长速度增长,因而 g_{g_y}, g_{g_k}, g_{g_F}, g_{g_A}, $g_{g_{L_E}}$ 均为零。稳态时变量增长率之间的关系表达式(上标 * 表示稳态时)为:

$$g_F^* + g_s^* = g_K^* \tag{4.37}$$

$$g_F^* = \frac{\varepsilon}{1-\eta} g_{L_t}^* \tag{4.38}$$

$$\phi g_{L_A}^* + \nu g_F^* = (1-\xi) g_A^* \tag{4.39}$$

$$g_{L_E}^* = g_{L_Y}^* = g_{L_A}^* = g_{L_F}^* \tag{4.40}$$

根据式(4.29)以及 $S = Y - C$,可知在稳态时下式成立,

$$g_Y = g_s = g_c \tag{4.41}$$

根据式(4.19)可以求得,

$$-g_{\lambda_1} = \sigma g_c + \rho \tag{4.42}$$

联立式(4.20)~式(4.22),式(4.28)~式(4.33),式(4.37)~式(4.40),式(4.41),式(4.42),可以得到处于平衡路径下的稳态增长率:

命题1:社会最优均衡增长路径上各变量的稳态增长率是:

$$g_Y = g_c = \frac{(\mu-\rho)M}{1-(1-\sigma)M} \tag{4.43}$$

$$M = \frac{1-\eta}{1-\eta-\varepsilon} X \tag{4.44}$$

$$X = \frac{1}{1-\beta}\left[\frac{\alpha\phi}{1-\xi} + \frac{\alpha\nu\varepsilon}{(1-\xi)(1-\eta)} + \frac{\beta\varepsilon}{1-\eta} + \gamma\right]$$
(4.45)

$$g_{L_E} = (1-\sigma)Mg_c + (\mu-\rho)M \quad (4.46)$$

$$g_F = \frac{\varepsilon}{1-\eta}[(1-\sigma)Mg_c + (\mu-\rho)Mg_c] \quad (4.47)$$

$$g_k = \frac{\varepsilon}{1-\eta}[(1-\sigma)Mg_c + (\mu-\rho)M] + g_c \quad (4.48)$$

$$g_A = \frac{\phi}{1-\xi}[(1-\sigma)Mg_c + (\mu-\rho)M] + \\ \frac{\nu}{1-\xi}\frac{\varepsilon}{1-\eta}[(1-\sigma)Mg_c + (\mu-\rho)M]$$
(4.49)

人力资本积累、经济增长、消费增加、物资资本积累、技术进步以及金融创新产品的稳态增长率与人力资本生产部门的工作效率 μ 呈正比关系,与主观贴现率 ρ 呈反比关系。另外要保证稳态下经济产出增速以及资本积累稳态增速为正,就要求 $\mu - \rho > 0$, $1-\sigma > 0$。

金融发展取决于金融部门函数的两个关键参数,投入到金融创新部门的劳动力投入产出效率 ε 和现有金融体系发展水平对金融部门发展速度的作用 η,对 g_Y 分别求关于 ε 和 η 的偏导,即:

$$\frac{\partial g_Y}{\partial \varepsilon} = \frac{\partial g_Y}{\partial X} \cdot \frac{\partial X}{\partial \varepsilon} > 0 \quad (4.50)$$

$$\frac{\partial g_Y}{\partial \eta} = \frac{\partial g_Y}{\partial X} \cdot \frac{\partial X}{\partial \eta} > 0 \quad (4.51)$$

上式说明参数 ε、η 与 g_Y 是同向变动的,且 $Y' = Y - gap$,即各因素对于经济潜在产出和稳态产出的影响是同向的,于是

可得如下命题:

命题 2:金融部门生产效率越高,稳态产出增长率就越高,经济潜在增长率也越高。

分析研发部门中金融发展的产出效率参数 ν 对稳态产出水平和潜在产出水平的影响机制,对 g_Y 关于 ν 求导可得:

$$\frac{\partial g_Y}{\partial \nu} = \frac{\partial g_Y}{\partial X} \cdot \frac{\partial X}{\partial \nu} > 0 \tag{4.52}$$

可见金融发展水平在技术研发部门中生产效率与稳态产出增速正相关,于是有如下命题:

命题 3:研发部门中金融发展的生产效率越高,则稳态产出增长率和经济潜在增长率就越高。

第四节 数值模拟及比较分析

一、数值模拟过程

结合中国经济的实际情况并借鉴 Barro 和 Martin(1995),Novales 等(2009)的研究选取如下参数初始值。如表 4-1 所示:

表 4-1 数值模拟的参数初始值

参数	σ	ρ	α	β	γ	δ	ϑ
数值	1.5	0.02	0.2	0.5	0.3	0.1	0.3
参数	ϕ	ξ	ν	D	ε	η	μ
数值	0.4	0.3	0.3	0.2	0.6	0.4	0.15

(一)参数的影响路径含义分析

本部分重点分析金融部门效率和研发部门中金融发展的产出效率对稳态产出增长率的影响。

1. 参数变化对稳态产出增长率 g_Y 的影响

模型中经济增长是由人力资本、物质资本、技术研发和金融发展等因素内生驱动的。因而金融发展、人力资本部门和技术研发生产效率的提高都会提高稳态消费和产出增长率。时间贴现率 ρ 代表消费者对于当下和未来消费的选择,ρ 越小则说明消费者越倾向于延期消费,稳态产出增长率也越高,反之若 ρ 越大,则说明消费者选择当期消费的倾向更高,则会带来经济潜在增长率(或稳态产出增长率)降低。另外由于 g_C 和 g_Y 相等,各参数变化对 g_C 的影响方向不再赘述。

表 4-2 参数变化对各变量稳态增长率的比较静态分析

参数	$g_C(g_Y)$	g_A	g_K	g_{L_E}	g_F
μ	↑	↑	↑	↑	↑
ρ	↓	↓	↓	↓	↓
ε	↑	↑	→	↑	↑
η	↑	↑	↑	→	↑
ϕ	↑	↑	↑	↓	↓
ξ	↑	↑	↑	↓	↓
ν	↑	↑	↑	↓	↓

- 注:↑表示同向变动,↓表示反向变动,→表示方向不确定。

2. 参数变化对研发部门稳态增长率 g_A 的影响

除时间贴现率 ρ 与 g_A 反向变动外,其余参数都与之正相关。研发部门劳动力弹性 ϕ、研发部门技术的产出弹性 ξ 和研发部门的金融发展水平的产出弹性 ν 这三个参数本身是研发部门的要素投入产出效率。这几个参数越大,研发部门的技术进步增速就越快。同时金融发展水平也是技术研发部门的生产要素之一,因此金融部门劳动力生产效率系数 ε 和金融发展水平生产效率系数 η 可以通过影响金融部门发展来间接提高研发部门技术创新稳态增长率。

3. 参数变化对稳态资本增长率 g_K 的影响

资本积累最终取决于本国产出增长速度与金融发展水平。除了时间贴现率 ρ 与 g_K 反方向变动外，其余参数与 g_K 同向变动。由于时间贴现率 ρ 变小则意味着消费者更有耐心，倾向于在未来多消费，就会带来未来更高的稳态资本积累率。ε、η 上升则不仅提高 g_Y 也会提高 g_F 从而提高稳态资本增长率 g_K，ϕ、ξ、ν 则通过提高 g_Y 来提高稳态资本增长率 g_K。

4. 参数变化对人力资本部门稳态增长率 g_{L_E} 的影响

人力资本开发部门的稳态增长率取决于最终投入到人力资本部门的人力资本比重。某一时刻人力资本总量给定，若分配于其他部门人力资本的比重上升则分配于人力资本开发部门的比重就会降低，反之则反是。时间贴现率 ρ、研发部门劳动力弹性 ϕ、研发部门技术的产出弹性 ξ 和研发部门的金融发展水平的产出弹性 ν 都与 g_{L_E} 反方向变动。时间贴现率 ρ 与所有稳态增长率都是反向变动的，因为该值越大，则未来消费倾向就越低，储蓄比率就越低，留给教育的投入也越少，自然人力资本部门的人力资本积累速度就会降低。研发部门劳动力弹性 ϕ、研发部门技术的产出弹性 ξ 和研发部门的金融发展水平的产出弹性 ν 与 g_{L_E} 反向变动是因为如果研发部门的要素边际产出越高，则会有更多的劳动力流入研发部门，而所有部门的总劳动力数量是一定的，因而分配给研发部门的劳动力份额越高，则人力资本部门的份额就越少，因此 g_{L_E} 也会越低。

值得注意的是金融部门劳动力生产效率系数 ε 和金融发展水平生产效率系数 η 对 g_{L_E} 的变动是不确定的，因为本模型中金融创新功能通过支持技术研发进入生产函数，ε 和 η 的提高会使得分配到金融部门的劳动力份额更多，也会间接提高研发部门中金融发展水平生产效率，从而对研发部门中的劳动力资源产生挤出作用（研发部门会在金融发展水平和劳动力两种要素中更多使用生产效率更高的要素)。因而这两种效应的叠加对人力资本积累部门的影响是不确定的。

5. 参数变化对金融创新部门稳态增长率 g_F 的影响

人力资本生产率参数 μ、金融创新部门劳动力生产率参数 ε 和现有金融发展水平生产率参数 η 与金融创新部门稳态增长率 g_F 正相关。人力资本生产率参数 μ 提高意味着所有部门可用的劳动力数量增加,因此 μ 与所有部门稳态增长率都是正相关的。参数 ε 和 η 则是金融创新部门的要素生产率参数,因此自然与稳态金融创新产出增长率正相关。研发部门劳动力弹性 ϕ、研发部门技术的产出弹性 ξ 和研发部门的金融发展水平的产出弹性 ν 这三个参数与 g_F 负相关,是由于这三个参数并不直接影响到金融创新部门,这三个参数的提升意味着技术研发部门发展速度更快,因而会占用更多生产资源,使得分配给金融创新部门资源份额降低,因此 ϕ、ξ 和 ν 提高会对金融部门创新速度产生间接的负作用。

(二) 数值模拟示意图

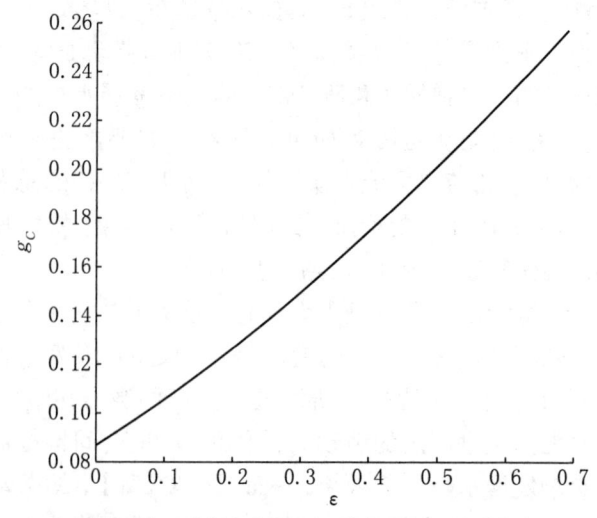

金融创新部门人力资本弹性 ε 对经济产出稳态增长率的影响

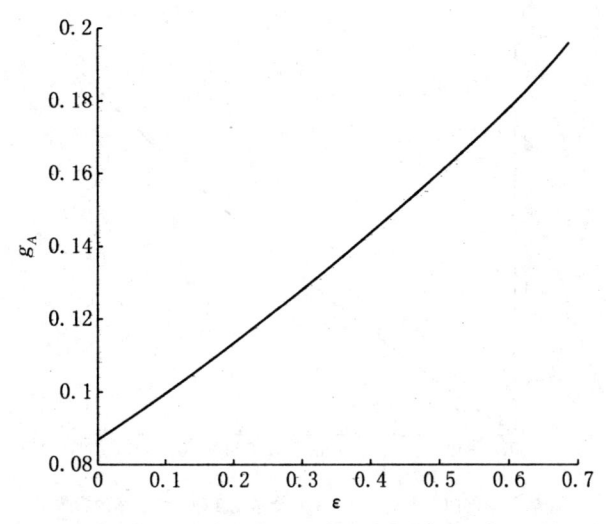

金融创新部门人力资本弹性 ε 对技术进步稳态增长率的影响

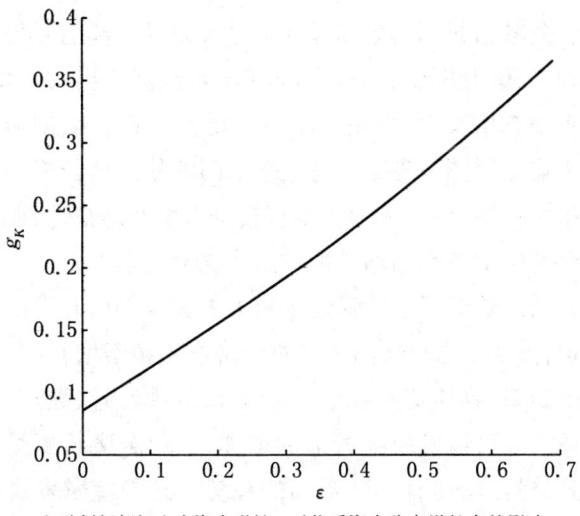

金融创新部门人力资本弹性 ε 对物质资本稳态增长率的影响

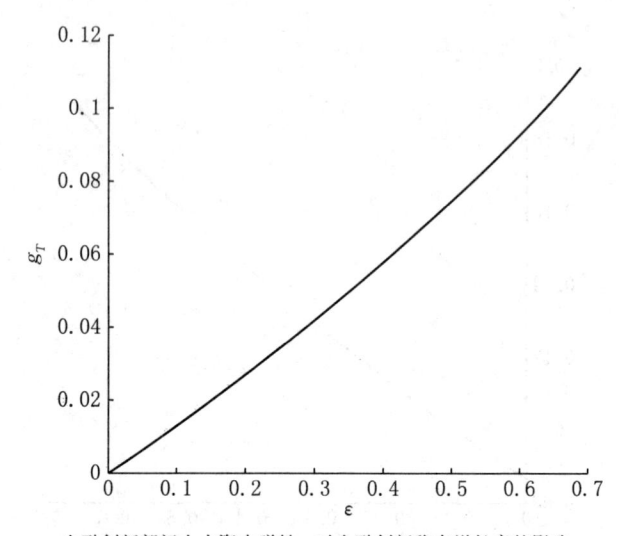

金融创新部门人力资本弹性 ε 对金融创新稳态增长率的影响

图 4-1　金融创新部门人力资本弹性 ε 对稳态增长率的影响

由于金融创新部门效率弹性 ε 对人力资本部门开发部门的效应不确定,因此图 4-1 中只绘出了 ε 对经济产出稳态增长率、技术进步稳态增长率、物质资本稳态增长率和金融创新稳态增长率的影响路径图。参数 ε 与这些部门的稳态增长率呈近似线性的正相关关系,由于人力资本直接进入生产函数,因此通过人力资本渠道拉动各部门增长率的效应格外明显。

因金融创新部门效率弹性 η 对人力资本部门开发部门的效应不确定,图 4-2 中只绘出了 η 对经济产出稳态增长率、技术进步稳态增长率、物质资本稳态增长率和金融创新稳态增长率的影响路径图。可以发现随着 η 的增加,各稳态增长率呈现非线性的上升趋势,增速有不断提高的趋势。这与金融发展理论中许多研究成果是相符的,现代金融发展理论普遍认为金融发展与经济增长之间呈现非线性关系,本章结果也印证了这一观点。

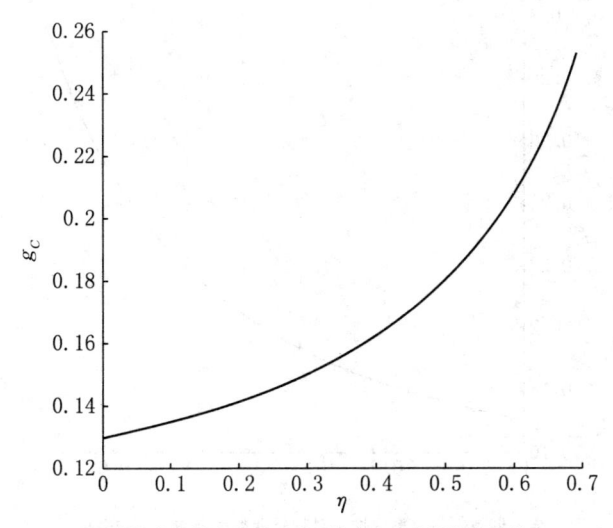

金融创新部门效率弹性 η 对经济产出稳态增长率的影响

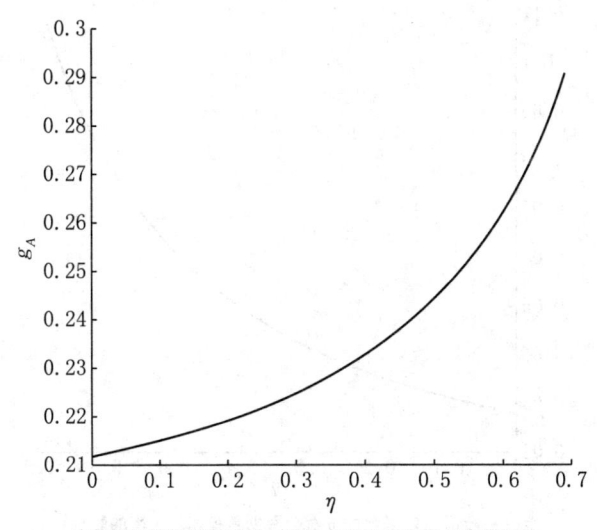

金融创新部门效率弹性 η 对技术进步稳态增长率的影响

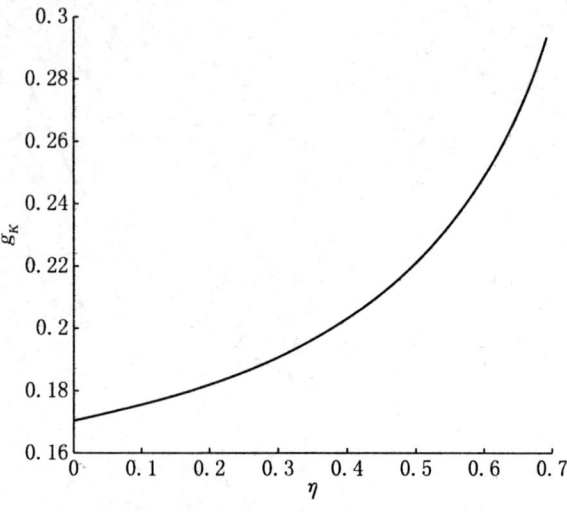

金融创新部门效率弹性 η 对物质资本稳态增长率的影响

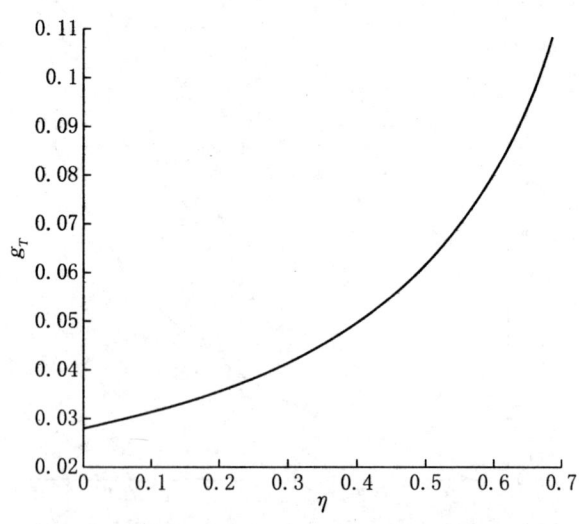

金融创新部门效率弹性 η 对金融创新稳态增长率的影响

图 4-2　金融创新部门效率弹性 η 对稳态增长率的影响

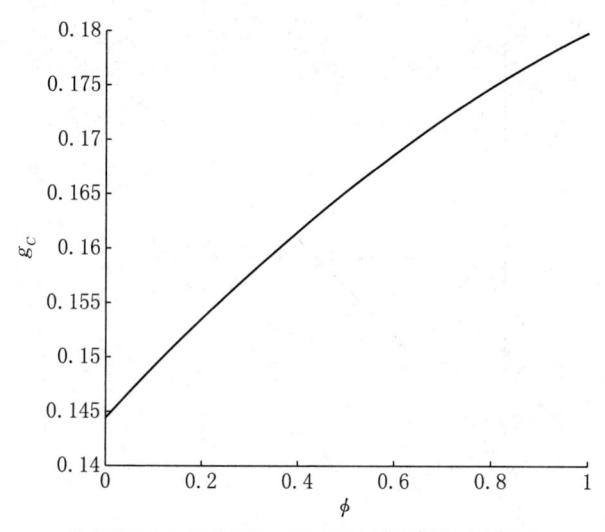

研发部门人力资本弹性 ϕ 对经济产出稳态增长率的影响

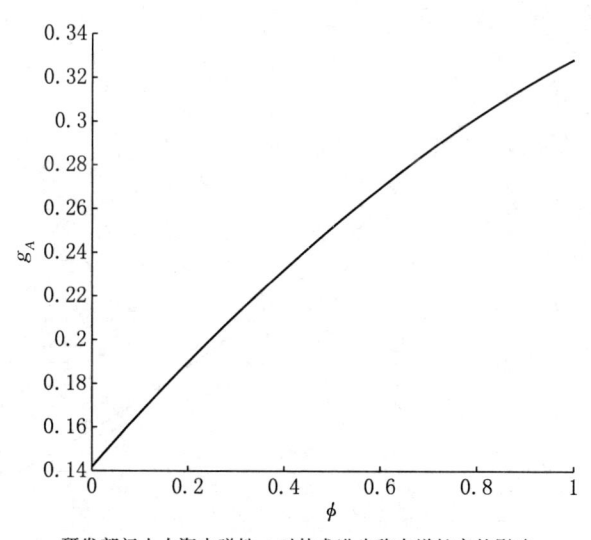

研发部门人力资本弹性 ϕ 对技术进步稳态增长率的影响

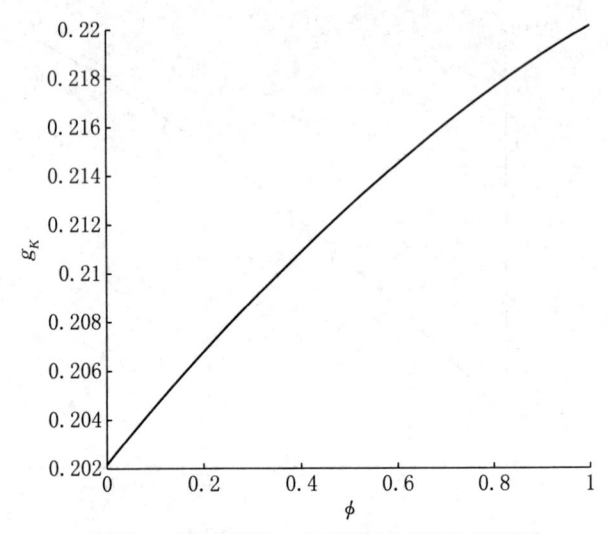

研发部门人力资本弹性 ϕ 对物质资本稳态增长率的影响

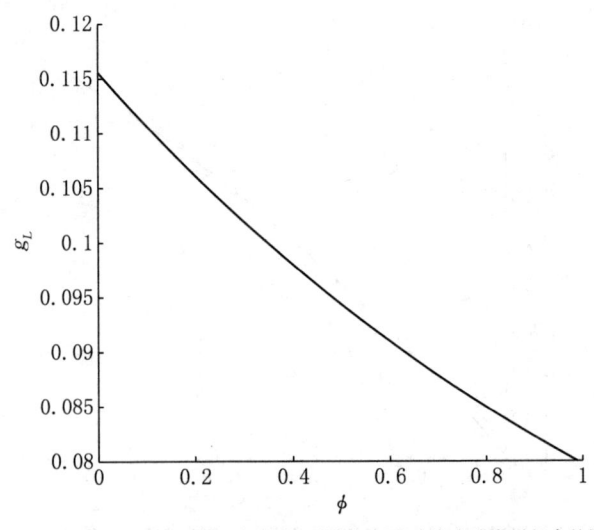

研发部门人力资本弹性 ϕ 对人力资本开发部门的人力资本稳态增长率的影响

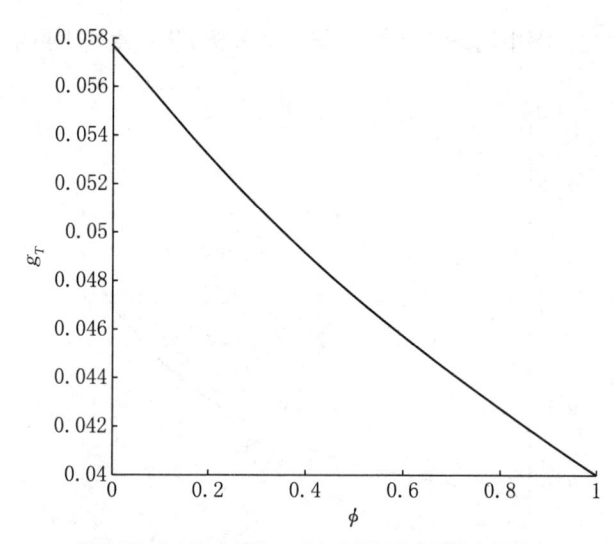

研发部门人力资本弹性 ϕ 对金融创新稳态增长率的影响

图 4-3　研发部门人力资本弹性 ϕ 对稳态增长率的影响

图 4-3 中绘出了研发部门人力资本弹性 ϕ 对经济体的稳态产出增长率、技术进步稳态增长率、物质资本稳态增长率、人力资本开发部门的人力资本稳态增长率和金融创新稳态增长率的影响路径图。图中影响路径与上文分析基本一致，ϕ 与经济产出稳态增长率、技术进步稳态增长率、物质资本稳态增长率正相关，与人力资本稳态增长率和金融创新稳态增长率呈负相关。原因在上文已分析过，此处不再赘述。

图 4-4 中绘出了研发部门技术生产效率 ξ 对经济产出稳态增长率、技术进步稳态增长率、物质资本稳态增长率、人力资本开发部门的人力资本稳态增长率和金融创新稳态增长率的影响路径图。图中影响路径与上文分析基本一致，研发部门技术生产效率 ξ 与经济产出稳态增长率、技术进步稳态增长率、物质资本稳态增长率正相关，与人力资本稳态增长率和金融创新稳态增长

率负相关。图中所示影响路径与上文分析相同,此处不再赘述。

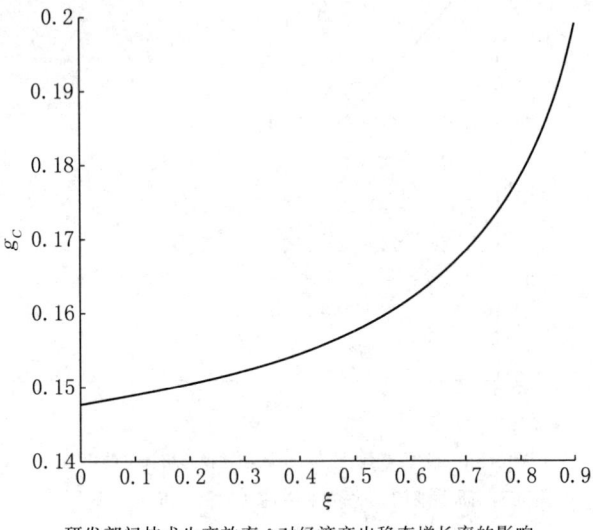

研发部门技术生产效率 ξ 对经济产出稳态增长率的影响

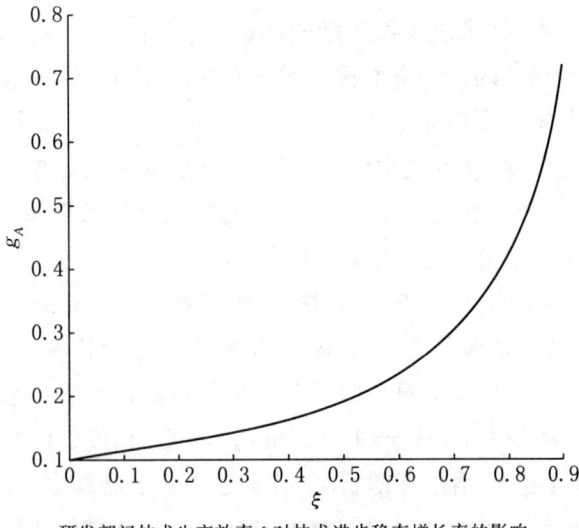

研发部门技术生产效率 ξ 对技术进步稳态增长率的影响

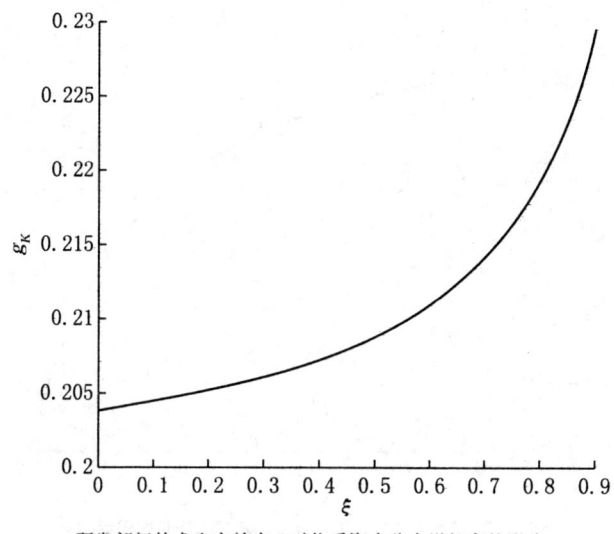

研发部门技术生产效率 ξ 对物质资本稳态增长率的影响

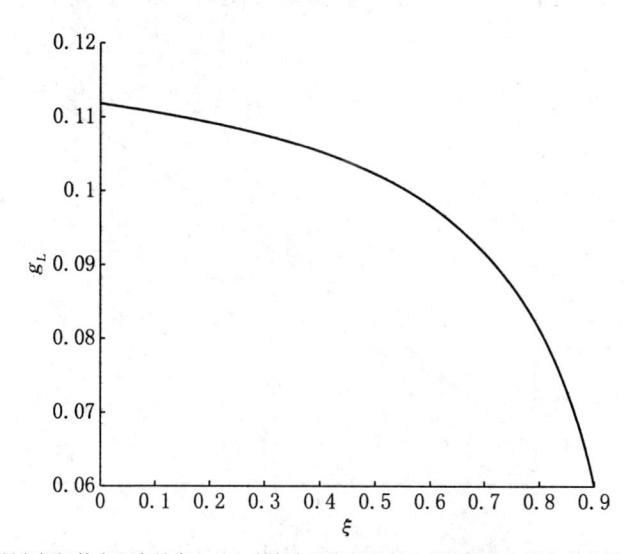

研发部门技术生产效率 ξ 对人力资本开发部门的人力资本稳态增长率的影响

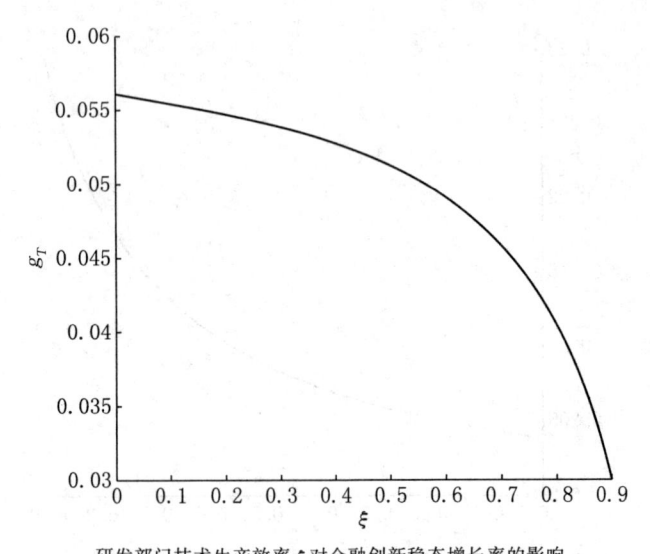

研发部门技术生产效率 ξ 对金融创新稳态增长率的影响

图 4-4　研发部门技术生产效率 ξ 对稳态增长率的影响

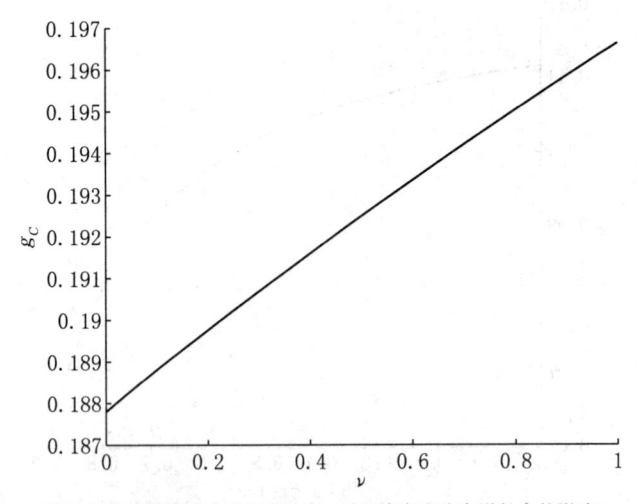

研发部门金融发展水平生产效率 ν 对经济产出稳态增长率的影响

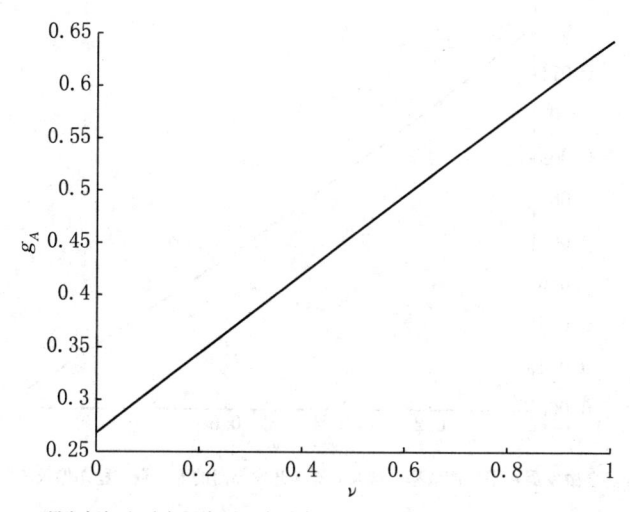

研发部门金融发展水平生产效率 ν 对技术进步稳态增长率的影响

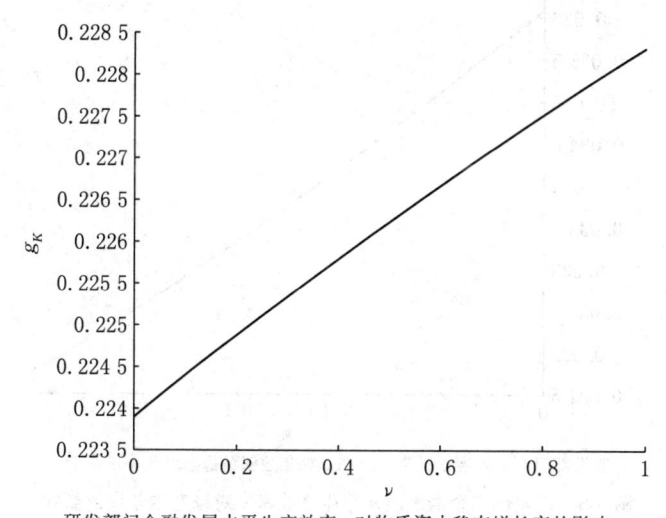

研发部门金融发展水平生产效率 ν 对物质资本稳态增长率的影响

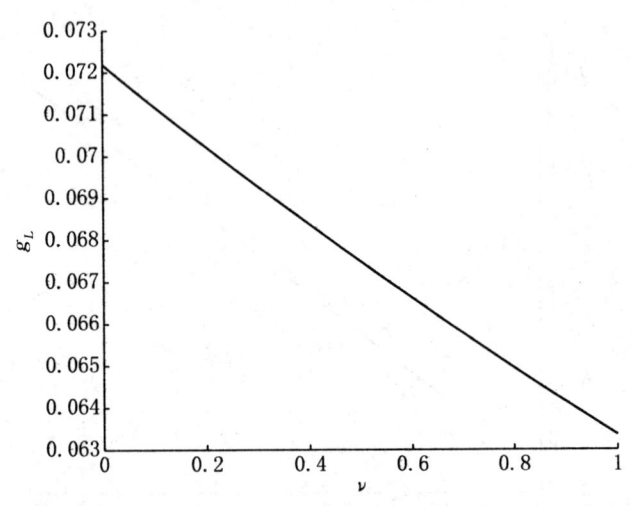

研发部门金融发展水平生产效率 ν 对人力资本开发部门的人力资本稳态增长率的影响

研发部门金融发展水平生产效率 ν 对金融创新稳态增长率的影响

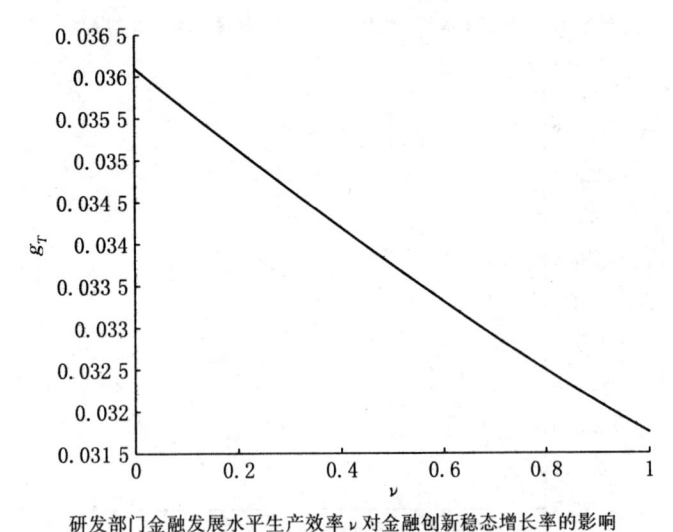

图 4-5 研发部门金融发展水平生产效率 ν 对稳态增长率的影响

图 4-5 中绘出了研发部门金融发展水平生产效率 ν 对经济产出稳态增长率、技术进步稳态增长率、物质资本稳态增长率、

人力资本开发部门的人力资本稳态增长率和金融创新稳态增长率的影响路径图。图中影响路径与模型数理分析基本一致,研发部门金融发展水平生产效率 ν 与经济产出稳态增长率、技术进步稳态增长率、物质资本稳态增长率正相关,与人力资本稳态增长率和金融创新稳态增长率负相关。

(三)数值模拟分析的基本结论

第一,$\varepsilon, \eta, \phi, \xi, \nu$ 这五组参数都与经济产出稳态增长率正相关,参数变动方向与产出稳态增长率同向变动,这些参数所代表的要素生产效率的提高能拉动经济产出稳态增长率的提升,促进经济长期增长。依据本模型,经济增长由技术创新、人力资本和金融发展等因素共同推动,所有这些内生增长源泉部门的产出效率的提高都将提高稳态产出水平。

第二,重点关注金融发展对经济增长的作用机制。金融发展不仅影响本部门的储蓄—投资转化效率,还通过为研发部门提供资金来间接影响经济增长。在成功地将金融部门内生于经济增长模型之后,得到了令人欣喜的结论,金融发展不仅促进本部门稳态增长率的提升,也通过支持技术创新渠道提高技术研发部门的稳态增长率,这两个渠道对提高经济潜在增长率都至关重要。

第三,通过各参数对各稳态增长率的影响路径对比可以发现,各部门人力资本生产效率的提高对各部门稳态增长率的拉动速度要高于各部门效率参数的提高对各稳态增长率的拉动速度(人力资本的影响路径曲线更陡)。值得注意的是,金融发展通过研发部门影响各稳态增长率的曲线也要陡于各部门效率参数影响各稳态增长率的曲线,因而虽然生产函数中并未将金融发展水平作为直接要素,但并不妨碍金融发展的积极作用的发挥。可见金融发展对经济潜在增长率的作用是不容忽视的。

二、与其他模型的比较分析

进一步建立不包含金融部门对技术部门创新支持功能的模型,与上文包含金融部门支持技术创新模型的动态最优化结果进行分析对比。

(一)不包含金融部门支持技术创新功能的经济增长模型

传统的经济增长模型中并未包含金融创新部门,金融系统的功能主要通过储蓄率体现。本部分构建的不包含金融部门支持技术创新部门的经济增长模型可以表示为:

$$\text{Max} \int_{t=0}^{\infty} \frac{C_t^{1-\sigma}}{1-\sigma} e^{-\rho t} dt \tag{4.53}$$

s.t.

$$\dot{K}_t = s_t(Y_t - C_t) - \delta K_t \tag{4.54}$$

$$s_t = D_t F_t \tag{4.55}$$

$$\dot{F}_t = \theta_t L_t^\varepsilon F_t^\eta \tag{4.56}$$

$$\dot{A}_t = \vartheta_t L_{A_t}^\phi A_t^\xi \tag{4.57}$$

$$\dot{L}_{E_t} = \mu_t L_{E_t} = \mu_t (L - L_Y - L_F - L_A) \tag{4.58}$$

$$Y_t = A_t^\alpha K_t^\beta L_{Y_t}^\gamma \tag{4.59}$$

建立汉密尔顿函数,

$$H = \frac{c^{1-\sigma}}{1-\sigma} e^{-\rho t} + \lambda_5 [D_t F_t (A_t^\alpha K_t^\beta L_{Y_t}^\gamma - C_t) - \delta K_t] + \lambda_6 [\theta_t L_t^\varepsilon F_t^\eta] \\ + \lambda_7 [\vartheta_t L_{A_t}^\phi A_t^\xi] + \lambda_8 [\mu_t (L - L_Y - L_F - L_A)] \tag{4.60}$$

横截性条件:

$$\lim_{t\to\infty}\lambda_5 K = 0$$
$$\lim_{t\to\infty}\lambda_6 F = 0$$
$$\lim_{t\to\infty}\lambda_7 A = 0$$
$$\lim_{t\to\infty}\lambda_8 L_E = 0$$

控制变量为 C, L_Y, L_F 和 L_A，于是最大化汉密尔顿函数的一阶条件为：

$$\frac{\partial H}{\partial C} = 0, \frac{\partial H}{\partial L_Y} = 0, \frac{\partial H}{\partial L_F} = 0, \frac{\partial H}{\partial L_A} = 0。$$

整理得：

$$\sigma g_c + \rho = -\frac{\dot{\lambda}_5}{\lambda_5} = -g_{\lambda_5} \tag{4.61}$$

$$\lambda_5 \gamma DF \frac{Y}{L_Y} = \lambda_8 \sigma \tag{4.62}$$

$$\varepsilon\lambda_6 \frac{\dot{F}}{L_F} = \lambda_8 \sigma \tag{4.63}$$

$$\lambda_7 \phi \frac{\dot{A}}{L_A} = \lambda_8 \sigma \tag{4.64}$$

欧拉方程为：

$$\frac{\partial H}{\partial K} = -\dot{\lambda}_5, \frac{\partial H}{\partial F} = -\dot{\lambda}_6, \frac{\partial H}{\partial A} = -\dot{\lambda}_7, \frac{\partial H}{\partial L_E} = -\dot{\lambda}_8 \tag{4.65}$$

整理得：

$$\beta\lambda_1 DF\frac{Y}{L_Y} - \delta = -g_{\lambda_5} \tag{4.66}$$

$$\frac{\lambda_5}{\lambda_6} D(Y-C) + \eta(\theta_t L_t^{\varepsilon} F_t^{\eta-1}) = -g_{\lambda_6} \tag{4.67}$$

$$\frac{\lambda_5}{\lambda_7}\alpha DF\frac{Y}{A}+\xi\frac{\dot{A}}{A}=-g_{\lambda_7} \quad (4.68)$$

$$\mu=-g_{\lambda_8} \quad (4.69)$$

整理以上各式如下：

$$-g_{\lambda_5}=\sigma g_C+\rho \quad (4.70)$$

$$g_{\lambda_6}+g_F-g_{L_Y}=g_{\lambda_8} \quad (4.71)$$

$$g_{\lambda_7}+g_A-g_{L_A}=g_{\lambda_8} \quad (4.72)$$

$$g_{\lambda_5}+g_F+g_Y-g_{L_Y}=g_{\lambda_8} \quad (4.73)$$

$$g_F+g_S=g_K \quad (4.74)$$

$$g_F=\frac{\varepsilon}{1-\eta}g_K \quad (4.75)$$

$$g_A=\frac{\phi}{1-\xi}g_{L_A} \quad (4.76)$$

$$g_Y=g_S=g_C \quad (4.77)$$

$$g_{\lambda_4}=-\mu \quad (4.78)$$

根据上述各式，可以得到不包含金融部门支持金融创新功能的稳态产出增长率为：

$$g_Y^2=\frac{1}{1-\beta}\left(\frac{\alpha\phi}{1-\beta}+\frac{\beta\varepsilon}{1-\eta}+\gamma\right)g_{L_E} \quad (4.79)$$

（二）包含金融部门支持技术创新功能的经济增长模型

此处的包含金融部门支持技术创新功能的经济增长模型的稳态产出增长率由前文所得（过程不再赘述），将上文得到的包含金融部门支持技术创新功能的稳态经济增长率记作 g_Y^1，并将 g_Y^1 用 g_{L_E} 表示为：

$$g_Y^1 = \frac{1}{1-\beta}\left(\frac{\alpha\phi}{1-\beta} + \frac{\alpha\nu\epsilon}{(1-\xi)(1-\eta)} + \frac{\beta\epsilon}{1-\eta} + \gamma\right)g_{L_E}$$
(4.80)

显然 g_Y^1 比 g_Y^2 多了一项 $\frac{\alpha\nu\epsilon}{(1-\xi)(1-\eta)}$,因为参数 ξ、η 的取值范围是$(0,1)$,因此 $\frac{\alpha\nu\epsilon}{(1-\xi)(1-\eta)}$ 必定为正,因而 $g_Y^1 > g_Y^2$。又有 $g_Y = g_Y - gap$,各因素对于潜在产出的影响与其对经济稳态产出的影响是同向的。可见包含金融部门的稳态产出增长率(经济潜在增长率)要高于不包含金融部门的稳态产出增长率(经济潜在增长率),拥有金融创新部门的经济体具有更高水平的稳态产出增长率(经济潜在增长率)。因此可以有如下命题:

命题4:具备支持技术研发功能的金融创新部门的经济体要比只具备普通存贷部门的经济体拥有更高的稳态产出增长率(经济潜在增长率)。

如果说促进储蓄向投资转化是金融系统的基本功能,那么支持创新就是金融系统的高级功能。因为只有当金融体系发展到一定阶段,才会孕育出有深度的资本市场。希克斯(1987,第135—144页)在研究金融发展对工业革命的作用时曾指出,工业革命不是技术创新的直接结果,因为工业革命早期使用的技术大多产生于工业革命发生之前。新技术的运用和推广需要大量投资于特定项目的高度非流动性的长期资本,在缺乏金融市场的条件下是办不到的。因此工业革命不得不等待金融革命的发生。在十七世纪末十八世纪初,英国金融市场迅速发展,形成了流动性强大的资本市场,为工业革命的发生提供了必不可少的条件。金融发展对技术进步非常重要,无论是技术研发前期所需要的大量资金,还是技术创新过程中的风险控制,或者是新技术后期的应用推广都不可或缺。金融发展提升了技术创新效率,帮助一国更快地追赶技术前沿。

第五节 总结性评述

本章的研究得到如下结论:第一,金融部门生产效率越高,经济潜在增长率就越高。第二,研发部门中金融支持技术创新的生产效率越高,则经济潜在增长率就越高。第三,具备支持技术研发功能的金融创新部门的经济体要比只具备普通存贷部门的经济体拥有更高的经济潜在增长率。

这些结论的政策含义十分明显,经济潜在增长率是可以通过促进金融发展来实现的,并且尤其应该关注金融支持技术创新这一渠道。资本市场易于获得市场均衡价格的反馈影响,可以对技术创新项目起到项目评估和筛选作用,尤其是在评估周期长、风险高的项目上都具有分散风险、促进创新的功能。其实归根结底无论是金融部门发展水平还是金融部门对技术创新的支持,强调的都是金融系统的资源配置功能。当资本流向创新领域时,金融系统的资源配置效率提高,此时经济潜在增长率也就更高。

本章的研究将金融系统功能划分为促进储蓄—投资转化的金融存贷部门和促进技术研发的金融创新部门,分别对应金融中介部门和资本市场部门,但此处并未狭隘地理解为间接融资部门或直接融资部门。因为现实中这两个部门并不是泾渭分明的,本章的研究仅是强调金融系统的这两种功能。在新的经济环境下中国未来经济发展新动能必然是技术创新,但此时这一经济增长的新动能还处于构筑过程之中。金融系统支持经济增长的核心渠道就是技术进步，因而培育有卓越技术支持研发功能的金融系统是呼应经济发展现实的需要，也是完善中国现代金融体系的必然方向。资本市场显然在支持技术创新方面更有优势，于是可以优先从发展资本市场着手。中国现在处于产业结构调整优化的关键阶段，国内技术水平逐渐逼近国际技术前沿，技术创新也将成为提升中国经济潜在增长率的核心动力，这一过程也需要更专业更有深度的资本市场支持。未来资本市场的发展应该主动支撑国内产业升级、向国际产业链前端攀升。扩大资本市场规模、提高资本市场质量、构建多层次资本市场、优化融资结构和建立长期资本供给机制，是实现中国经济长期增长的必然要求。

第五章
包含金融因素的经济潜在增长率测度模型

第一节 引 言

在现实经济运行过程中,经济体的潜在产出并非总与实际产出相一致,当两者不同时便会出现产出缺口。产出缺口是可观测的实际产出与不可观测的潜在产出水平之差。经济潜在增长率是潜在产出的增长速度,决定着一国经济运行的长期趋势。测度经济潜在增长率的基础是测度潜在产出或产出缺口。当出现正的产出缺口时,就说明该国的潜在产出水平要高于实际产出水平(这一过程的背后必然是经济潜在增长率的提高),此时经济运行倾向于过热;当出现负的产出缺口时,就说明该国的潜在产出水平要低于实际产出水平(这一过程背后必然是经济潜在增长率的下降),此时经济运行倾向于偏冷。当产出缺口走势不断向上时,就说明潜在产出的增速要快于实际产出的增速,可以预计该国的经济潜在增长率不断提高。当产出缺口走势不断向下时,就说明该国的潜在产出增速要低于实际产出的增速,可以预计该国的经济潜在增长率不断下降。可见只要依据产出缺口的变动趋势就可以判断出经济潜在增长率的变动趋势。产出缺口作为经济研究中的一个关键参考变量,经常被国家和国际经济研究机构和经济顾问所用来分析商业周期。关于产出缺口究竟衡量的是什么,有许多观点,并无统一说法。一方面,产出缺口被视作实际产出与无通胀压力时的产出路径之差;另一方面,产出缺口经常被视为实际产出与名义刚性不存在(生产要素充分弹性)时所能达到的产出水平之差。在经济周期研究和宏观审慎政策框架的视角下,潜在产出的具体含义可以有所不同,但共同之处都是强调潜在产出是一个经济体长期可持续的产出水平。因而在本章中不对潜在产出的概念进行严格划分,而是重点关注潜在产出测算结果的可信度和实时预测能力。经济运行往往受到很多因素的干扰,能够在很长时期内维持正常运作机制而不受扭曲是很困难的。冲击往往是成串相互叠加而发生的,这使得政策制定者往往很难区分经济的变化是由于短暂的需求波动还是长期的供给能力的变化导致的,抑或是纯粹统计噪音导致的,尤其当面临金融繁荣或萧条时期,做出正确的判断相当困难。

金融发展不仅影响经济现实增长率,更影响经济潜在增长率。金融经济周期理论强调金融周期往往领先于经济周期,熨平经济波动的调控政策需要兼顾金融市场的情况。2008年蔓延全球的金融危机,进一步明晰了金融体系的顺周期性质。经济运行良好时,杠杆率升高,资产价格也升水;一旦经济运行出现危机,去杠杆率、资产价格跌落、信贷收缩等一系列现象都会同时出现。金融系统顺周期的特性加剧了经济的波动性。在后危机管理时代,宏观审慎政策框架被建立起来。如果能够在金融发展过热的时候,适当采取一些逆周期调控措施,就能避免经济陷入不可持续状态,让经济运行免于遭受巨大挫折。

以往的潜在产出倾向于与通胀率联系起来,首先,从概念的角度来看,可持续性是潜在产出的一个决定性特征。如果是这样的话,将潜在产出视为非加速通胀产出是局限性很强的。历史证据表明,在金融失衡加剧的情况下,通胀很有可能保持低位和稳定,而产出则可能以不可持续的方式增长。最近的金融危机只是这一可能性的最新提醒。其次,从度量角度而言,金融发展包含了关于产出的周期性成分的信息,忽略这些因素,就必然会降低潜在产出估计的准确性。无论从实践应用的角度抑或从提高潜在产出(或产出缺口)测度精度的角度来看,将金融发展纳入经济潜在增长率的研究都是十分必要的,这也是金融经济周期理论发展的内在要求。

大量研究表明金融周期与实际经济周期之间存在顺周期关系,金融因素可以导致实际产出偏离潜在产出水平。传统的潜在产出测算方法在提前预测经济走势上有所欠缺,在金融周期深刻影响经济周期的当下,运用包含金融因素的经济潜在增长率测度模型重新研究经济潜在增长率很有必要。在这方面,发达国家的央行、国际货币基金组织(IMF)和国际清算银行(BIS)比较领先,主要成果是 Borio(2013,2014)的工作论文。此后国外央行工作论文可见有运用此模型进行的探索,如 Melolinna 和 Tóth(2016)。国内学者在金融经济周期理论的基础上,也进行了一些有益探索。代表性的研究有陈昆亭等(2011),刘元春和杨丹丹(2016a,2016b),彭文生和张文朗(2017)等。国内在该领域的研究也大都在 DSGE 框架下进行。刘兰凤和袁申国(2012)构建了三部门 DSGE 模型,在微观层面验证了中国经济的金融加速器效应的存在。王国静和田国强(2014)基于 DSGE 框架论证了金融冲击是中国经济波动的来源。但是国内关于将金融因素纳入经济潜在增长率测度模型,增强产出缺口预示金融风险能力的研究还比较匮乏。本章正是基于该点研究包含金融因素的经济潜在增长率测度模型在中国的适用性,如果这一模型能够比传统的经济潜在增长率测度模型具有更好的实时预测性能，那么就有助于宏观调控部门提前把握未来的经济波动趋势，从而更明智地进行经济调控。

第二节　包含金融因素的中国经济潜在增长率估计

本节内容安排如下，首先介绍包含金融因素的经济潜在增长率测度模型的原理，然后在原有模型基础上纳入新的金融变量，测算不同金融因素影响下的中国产出缺口的变化趋势，最后进行模型稳健性分析。由于潜在产出的变化幅度比产出缺口的变化幅度小，潜在产出或者经济潜在增长率的细微变化都可以通过产出缺口的变化来判断，因此实际的经济调控过程，重点关注产出缺口的变化。产出缺口为正说明潜在产出要高于实际产出，经济潜在增长率提高了；正的产出缺口绝对值不断扩大说明经济潜在增长率高于经济实际增长率，并且经济潜在增长率在不断提高，经济运行趋于过热。反过来，若出现负的产出缺口，则说明潜在产出要低于实际产出，经济潜在增长率下降了；如果负的产出缺口的绝对值不断扩大，则说明经济潜在增长率要低于实际产出增长率，并且经济潜在增长率在不断下降，经济运行趋于过冷。如果产出缺口绝对值不断缩小，趋于关闭，则说明潜在产出与实际产出的差距不断缩小，经济发展速度趋于保持平稳。因此本模型也将产出缺口作为衡量模型测度功能的核心变量，并通过产出缺口的变化来分析经济潜在增长率的变化。

一、模型构建及估计过程

（一）模型介绍

本模型试图在动态 HP 滤波法的基础上进行拓展，并结合状态空间技术,将金融因素纳入经济潜在增长率的测度模型。经济潜在增长率的测度基础是测度潜在产出。普通的单变量滤波法仅仅依赖于实际GDP的观测值就可以得到潜在产出,最常见的就是HP滤波法。但是标准的HP滤波法是不允许产出缺口序列之间序列相关,这种形式的HP滤波法被称为静态HP滤波法,在实际应用中,产出缺口之间不一定独立,因而动态HP滤波器比静态(标准)HP滤波器能够更好地捕捉到潜在产出的变化趋势。

1. 标准HP滤波法

如果有T期实际GDP的观测值y_t,标准(静态)HP滤波法是通过最小化损失函数得到的潜在产出值y_t^*,损失函数如下,

$$\sum_{t=1}^{T}\left[\frac{1}{\sigma_1^2}(y_t - y_t^*)^2 + \frac{1}{\sigma_0^2}(\Delta y_{t+1}^* - \Delta y_t^*)^2\right] \quad (5.1)$$

σ_1^2是产出缺口$(y_t - y_t^*)^2$的方差,σ_0^2是潜在产出变化程度的方差,其中$\Delta y_{t+1}^* = y_{t+1}^* - y_t^*$,$\Delta y_t^* = y_t^* - y_{t-1}^*$。

损失函数存在一个封闭解是$\lambda_1 = \sigma_1^2/\sigma_0^2$,这个参数决定了潜在产出和实际产出的偏差,也决定了潜在产出序列本身的平滑性。

首先将上式在状态空间内表达。状态空间模型包含状态方程和观测方程,其中状态方程描述系统状态变量(未知)随着时间演进的过程,观测方程(信号方程)用于描述可观测变量和状态变量之间的内在联系。首先将损失函数(5.1)式加号右边的部分可以作为状态空间中的状态方程,

$$\Delta y_{t+1}^* = \Delta y_t^* + \varepsilon_{0, t+1} \quad (5.2)$$

$\varepsilon_{0, t+1}$是服从正态分布的误差项,均值为零,方差为σ_0^2。

损失函数加号左边的部分可以表述为如下观测方程，

$$y_t = y_t^* + \varepsilon_{1,t} \tag{5.3}$$

$\varepsilon_{1,t}$是服从正态分布的误差项，均值为零，方差为σ_1^2。$\varepsilon_{0,t}$和$\varepsilon_{1,t}$是不相关的。由于卡尔曼滤波是基于最小二乘法的算法，因此它可以同时使(5.2)和(5.3)式最小化，此时只要确保λ_1值与HP滤波中的给定值相等，那么得到的y_t^*值与用HP滤波法得到的结果就是一致的。

2. 动态HP滤波法

动态HP滤波法允许产出缺口之间存在序列相关性，最简单的动态表达式就是假设产出缺口服从AR(1)过程，此时状态方程还是(5.2)，而观测方程可以被表达成如下形式，

$$y_t = y_t^* + \beta(y_{t-1} - y_{t-1}^*) + \varepsilon_{2,t} \tag{5.4}$$

$\varepsilon_{2,t}$服从正态分布，均值为零，方差为σ_2^2。此时，损失函数变成：

$$\sum_{t=1}^{T} \left[\frac{1}{\sigma_1^2}(\varepsilon_{2,t})^2 + \frac{1}{\sigma_0^2}(\Delta y_{t+1}^* - \Delta y_t^*)^2 \right] \tag{5.5}$$

这时产出缺口不仅取决于$\lambda_2 = \sigma_2^2/\sigma_0^2$，还取决于自回归过程AR(1)的参数$\beta$。如果$\beta$取1，即使$\lambda_2$是固定值，那么产出缺口就成了随机游走过程，它的累计方差可以无穷大。因此β绝对值必须小于1，以保证产出缺口是均值回归的序列，同时为了确保状态空间模型下求解得到的缺口值与HP滤波法下得到的缺口值有相同的周期，求解结果必须使$\text{var}(y_t - y_t^*)/\sigma_0^2 = 1\,600$成立，也就是$\lambda_2 = \sigma_2^2/\sigma_0^2 = 1\,600(1-\beta^2)$。但是由于存在小样本问题，此时信噪比将远大于1 600，并且随着样本数量的增加，其收敛速度也是缓慢的，因此在动态HP滤波法中设定λ_2

$=1\,600(1-\beta^2)$ 是不够的,这会造成分配给潜在产出波动性的权重过低。为了避免样本信息不充分,数据不够完备的小样本问题,还需要对 λ_2 给出限制条件,只有当满足以下迭代条件的 λ_2 值,才能保证以状态空间模型估计得到的结果与 HP 滤波法得到的结果是真正可比的。该迭代条件就是:

$$\frac{\text{var}(y_t - y^*_{HP,t})}{\text{var}(\Delta y^*_{HP,t-1})} = \frac{\text{var}(y_t - y^*_{ALT,t})}{\text{var}(\Delta y^*_{ALT,t} - \Delta y^*_{ALT,t-1})} \quad (5.6)$$

其中,$y^*_{HP,t}$ 是用标准 HP 滤波法得到的结果,$y^*_{ALT,t}$ 是用式(5.2)和式(5.4)得到的结果。

3. 纳入经济因素的动态 HP 滤波器

以往将经济结构纳入潜在产出测算的方法,大多是增加状态方程数量,而这样很容易产生两种极端情形:一种情况是产出缺口对加入的经济变量不敏感,另一种极端情形就是产生的结果不符合经济意义。此处借鉴 Borio、Disyatat 和 Juselius(2013)的方法,在状态方程(5.4)中直接嵌入经济变量。这样做的初衷是限制假设条件数量,控制迭代过程复杂程度并保持控制系统的低维数。这一方法被 Borio(2014)称为简单的多元滤波器(Parsimonious Multivariate Filter)。

假设要将经济变量 z_t 纳入(5.4)式,可写成:

$$y_t = y^*_t + \beta(y_{t-1} - y^*_{t-1}) + \gamma^* z_t + \varepsilon_{4,t} \quad (5.7)$$

$\varepsilon_{4,t}$ 服从正态分布,均值为零,方差为 σ^2_4。结合(5.2)式和(5.7)式,可以得到新的损失函数,

$$\sum_{t=1}^{T}\left[\frac{1}{\sigma^2_4}(\varepsilon_{4,t})^2 + \frac{1}{\sigma^2_0}(\Delta y^*_{t+1} - \Delta y^*_t)^2\right] \quad (5.8)$$

此时信噪比 $\lambda_4 = \sigma^2_4/\sigma^2_0$,且 $|\beta|<1$。迭代过程要选取不同

的 λ_4 值,直到使得(5.6)式成立,以保证用状态空间法估计得到的结果与 HP 方法得到的结果是可比的。(5.6)式中的 $y_{ALT,t}^*$ 是根据(5.2)和(5.7)式估计得到的值。在满足(5.6)式的前提下最小化(5.8)式意味着只有能直接解释产出变动的变量,才能在(5.7)式中获得非零权重。也就是说能进入(5.7)式的变量,必须能够提高对产出缺口变化的解释能力,因而新加入的金融变量不仅要与产出水平相联系,还要与所对应的频率有关。

(二) 变量选取

变量是否适合被嵌入多元滤波器取决于这一变量是否能够描述金融周期。金融周期的冷热反映了市场对资产价格和风险的预期。信贷规模、利率变动以及房地产价格经常会形成自我加强的螺旋机制。在经济繁荣时期,房价较高,提升了可抵押资产价值,因而信贷获取容易,从而催生利率上升;在经济衰退期,信贷收缩,房价下降,可抵押资产缩水,进一步加剧了信贷紧缩,利率也随之下降。大量的研究证实了私营部门信贷周期以及资产价格周期与经济周期有着很强的相关性。在以往的研究中,房价泡沫往往被混入普通的通胀之中,并没有被特别区分出来对待。当房价泡沫与普通通胀指数走势一致时,合并起来进行研究是可行的,但是如果两者走势不同时,混在一起是不合适的,因为房价泡沫可以在通胀水平保持稳定时,使产出水平变得不可持续。伴随着国内的金融繁荣,会吸引大量的资本流入,导致本国货币升值。此处借鉴 Borio(2013,2014)选取的描述金融周期的指标,如信贷规模、房价变动和实际利率,并在此基础上加入了一些其他的金融变量。具体的变量如下[1]:

---

[1] 实际上,作者还试图纳入其他金融周期指标,比如货币供应量、M_1、M_2、上证综合收盘指数。但是将这些变量纳入模型后,结果在统计意义上并不显著,因而并未在文中报告。

私营部门的实际信贷(real credit to the non-financial private sector),数据来自国际清算组织(BIS)[①];私营部门信贷/GDP变化率,衡量负债水平的变动,来自国际清算组织(BIS);住宅类房地产价格(real residential property price),来自香港环亚经济数据有限公司(CEIC);银行间七天回购利率(移动平均值),来自万得数据库;实际有效汇率,来自国际清算组织(BIS)。

上面5个变量都是单独被纳入模型的,Borio(2014)也试图将多个变量纳入模型,但是效果不佳。作者试图基于此点进行尝试,舍弃同时纳入多个变量这一方式,试图使一个变量能综合包含多个变量信息,探寻综合性金融指标纳入该模型的表现。运用主成分提取法对这5个变量进行降维,得到一个能够描述中国金融周期的综合金融指标(FCB),并纳进产出缺口的测度模型。

此处使用的GDP增长率原始数据来自中经网统计数据库,在定基处理时与计算定基CPI[②]采取了同样的步骤,参考赵留彦(2006)中的处理方法。所有数据的样本考察期为2000Q1—2016Q4,先对数据进行季节调整,再用定基CPI进行价格调整,最后取对数。

(三) 模型估计

在估计(5.7)式时,使用了传统的贝叶斯估计法,并结合卡尔曼滤波器来实现模型的拟合。先验分布假设参数服从伽马分布,且标准差为0.5,β的取值范围是[0, 0.96],先验给定均值

---

① 私营部门信贷主要包括非金融类企业信贷,居民和非营利机构信贷两部分,可被视为内生货币,直接与实体经济运行相关。大量研究表明私营部门的债务状况与实体经济的顺周期关系密切。

② 定基CPI的计算方法参考赵留彦(2006)。首先以2000年1月至2000年12月一年内的环比CPI作为定基数据,再根据各年份CPI月度同比数据计算出以2000年1月为基期的定基CPI。

为 0.8,其余变量的先验均值是 0.3①。下文的安排如下,首先报告模型的各参数估计结果;接着通过产出缺口的估计结果分析金融因素对中国经济潜在增长率波动性的作用;最后对模型进行稳健型检验和实时估计性能评价。模型估计借助 Matlab 的宏观经济工具 IRIS 工具箱完成,并根据纳入经济变量的动态 HP 滤波器将模型在状态空间下进行估计。

二、包含金融因素的中国经济潜在增长率的估计结果

表 5-2 报告了将上述 6 个金融变量纳入模型(5.7)所得的结果。其中,

模型 1 对应的表达式是:

$$y_t = y_t^* + \beta(y_{t-1} - y_{t-1}^*) + \varepsilon_{5,t} \qquad (5.9)$$

模型 2 对应的表达式是:

$$y_t = y_t^* + \beta(y_{t-1} - y_{t-1}^*) + \gamma_1^* \Delta cr_t + \varepsilon_{6,t} \qquad (5.10)$$

模型 3 对应的表达式是:

$$y_t = y_t^* + \beta(y_{t-1} - y_{t-1}^*) + \gamma_2^* \Delta cr/GDP_t + \varepsilon_{7,t} \qquad (5.11)$$

模型 4 对应的表达式是:

$$y_t = y_t^* + \beta(y_{t-1} - y_{t-1}^*) + \gamma_3^* \Delta ph_t + \varepsilon_{8,t} \qquad (5.12)$$

模型 5 对应的表达式是:

$$y_t = y_t^* + \beta(y_{t-1} - y_{t-1}^*) + \gamma_4^* r + \varepsilon_{9,t} \qquad (5.13)$$

---

① 模型估计借助 Matlab 软件中的 IRIS Toolbox 工具箱实现。

模型 6 对应的表达式是：

$$y_t = y_t^* + \beta(y_{t-1} - y_{t-1}^*) + \gamma_5^* E_r + \varepsilon_{10,t} \quad (5.14)$$

模型 7 对应的表达式是：

$$y_t = y_t^* + \beta(y_{t-1} - y_{t-1}^*) + \gamma_6^* FCB + \varepsilon_{11,t} \quad (5.15)$$

括号里的值是参数的 t 值（t 值的绝对值）。观察各模型的系数都通过了显著性检验，这说明将各金融因素单独纳入动态 HP 滤波模型是可行的。Borio(2014)研究发现分别纳入单个金融因素时，模型结果表现良好，但是如果以线性形式纳入所有变量时，估计值往往达到取值上限，所估计得到的产出缺口倾向于出现单位根过程。为了避免这一情形的出现，综合前文选取的 5 个金融因素，运用主成分分析法(Principal Components Analysis, PCA 方法)对多变量降维，先进行 KMO & Bartlett 球形检验（显著性检验通过），结果见表 5-1，于是选取累积贡献率达到 86% 的前三个主成分作为综合金融周期指标。由主成分分析法提取出的金融周期综合指标是：

$$FBC = 0.926 * credit + 0.908 * credit/GDP + \\ 0.831 * Ph + 0.73 * r + 0.910 * Er \quad (5.16)$$

将综合金融周期指标(FBC, financial business cycle)纳入模型的结果报告在表 5-2 最后一列的模型 7 中。

表 5-1　KMO & Bartlett's 检验

Kaiser-Meyer-Olkin Measure of Sampling Adequacy.		0.500
Bartlett's Test of Sphericity	Approx. Chi-Square	108.66
	df	10
	Sig.	0.000

表 5-2 解释变量的回归结果

模型	模型 1	模型 2	模型 3	模型 4	模型 5	模型 6	模型 7
β	0.926 0 (9.747 0***)	0.915 5 (12.655 6***)	0.910 4 (8.998 3***)	0.915 6 (14.524 5***)	0.916 1 (10.608 7***)	0.905 0 (13.693 5***)	0.952 0 (10.665 1***)
γ_1		0.061 2 (1.801 9*)					
γ_2			0.054 5 (2.155 5**)				
γ_3				0.061 4 (2.773 9***)			
γ_4					0.125 8 (1.722 7*)		
γ_5						0.065 7 (1.846 3*)	
γ_6							0.279 0 (5.212 0***)

- 注：***、** 和 * 分别表示 1%、5% 和 10% 的水平上显著，余表同。

（一）模型估计结果分析

β 值代表的是滞后一期产出缺口的影响，表 5-2 中的模型 2—7 中的 β 值都没有到达上限，可见上期产出缺口的影响是持续稳定的。综合金融周期指标的系数最大，其次是利率、汇率、信贷、房价和信贷占 GDP 比重。就产出周期性循环部分的影响程度而言，综合金融周期指标的表现是最好的。这也说明在判断金融市场总体走势时，需要考量各种金融信息进行综合判断。目前中国的利率市场化已经基本完成，利率作为金融周期的关键指标，在本模型估计中表现显著。完善央行关于利率指导的传导机制可以更好地调控产出缺口。作为一个对外开放的贸易大国，实际有效汇率的影响是不容忽视的。实际有效汇率影响着中国商品在国际市场的竞争力，就本模型估计结果来看，汇率变动对产出缺口的周期性波动解释力仅次于利率，这与中国外贸依存度较高这一现实相符。房价和信贷作为金融周期的核心衡量指标，在国外学者的研究中已经表现出了非常显著的影响。

类似的,在中国也是如此,中国的房价波动和信贷规模波动能够解释一部分产出缺口的周期性波动。

(二) 模型分解结果分析

为了更清晰观察金融因素对产出缺口变化的解释力,图 5-1 给出了对产出缺口测算结果的分解,分为金融因素解释的部分和未解释的剩余残差部分。未解释部分比起产出缺口部分是相对较小的,金融因素对中国产出缺口波动的解释力还是值得肯定的。值得注意的是,在 2008 年金融危机爆发前后,产出缺口波动能由金融变化解释的部分也迅速上升,同时未解释的残差部分也更大。这说明在危机期间,金融发展与周期性的产出波

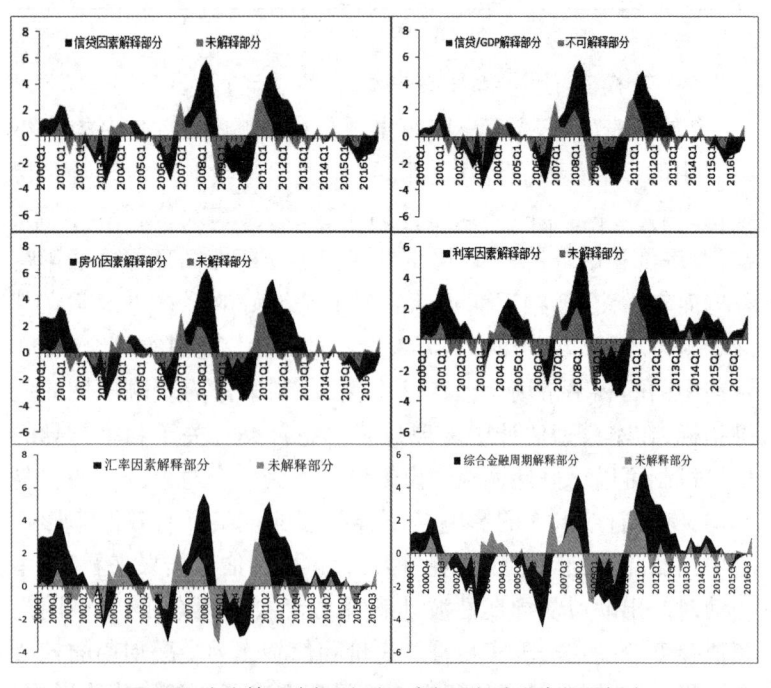

图 5-1 产出缺口分解:金融因素解释部分和未解释部分

动之间可能呈现出非线性的关系。金融危机时期,自我加强的循环机制会加剧金融冲击对实体经济的扰动。在繁荣期和萧条期,金融发展对经济发展有非对称的作用机制。

按照时间顺序观察产出缺口的波动可以发现在2000—2003年,汇率因素对中国的产出缺口波动解释力最强,这也恰巧是中国刚加入世贸组织之时。在此期间,汇率因素调整的正产出缺口值要远高于普通滤波法下的产出缺口值。这是符合实际情况的,中国自1994年实行有管理的浮动汇率制度,从1994年到2001年,中国实际有效汇率升值近30%,外汇储备迅速增加。这段时间是中国进出口贸易发展的黄金时期,也是汇率因素发挥关键作用的时期。在加入WTO之初,低廉的汇率给中国外贸制造了有利条件,帮助中国成为贸易大国。

2003年到2006年期间利率因素的解释力比较强,这与当时中国正在进行的利率市场化改革进程有关。2003年中国人民银行迈出了推进贷款利率市场化的重要步伐,中共十六大报告明确指出"稳步推进利率市场化改革,优化金融资源配置",推进了利率市场化改革的一波高潮。2004年,央行放宽贷款利率浮动区间,允许存款利率下调。2007年,上海银行间同业拆借利率(Shibor)推出,意在培育货币市场基准利率体系,提高金融机构自主定价能力。2008年金融危机出现,中国利率市场化步伐放缓。可见利率因素对产出缺口有较强解释力的时期,就是中国利率市场化进程中的关键时期。

2007—2008年,是美国次贷危机发酵,逐渐演变为全球金融危机阶段,此时各金融因素的解释力都极速增强。随后的金融萧条阶段对负产出缺口的解释力也很强。金融动荡引发了实体经济滑坡,中国产出缺口持续走低。在2009年中国四万亿计划逐渐落实期间,产出缺口由负转正,大量的资本被投入到基础建设、教育、医疗等领域。这一计划虽然在短期内为社会注入大量资本,但由于基建领域投资回报周期长、资金回收缓慢,随后中国经济进入了未完成的衰退阶段,经济增速再一次下滑。2011—2016年,利率因素的解释力再次位于各金融因素之首,汇率因素也表现出较强的解释力。在此期间,中国继续深化利率市场化改革,市场利率定价机制继续完善,2015年10月存款利率上限取消,理论上利率市场化改革已基本完成。2013年上海自贸区正式设立,并在2016年新增7个自贸区,对接高标准国际经贸规则,紧扣制度创新,全面推进深化改革开放。可见危机过后中国继续依靠深化改革开放拓宽经济潜在增长率上升空间,利率因素和汇率因素代表的利率市场化和自贸区推进的改革开放力量不容小觑。

不可解释部分可以认为是模型的误差项,这一部分在金融系统稳定时并不大,然而在金融危机前夕出现明显上升。当潜在的金融失衡累积到一定程度,金融变量的自我强化循环会加剧金融变量的影响力。金融变量与周期性的产出之间可能存在非线性关系。这意味着单一金融因素的变化不一定能够解释危机时期产出缺口的大幅波动。允许金融因素的解释能力在金融失衡时可变动,反映了金融繁荣期和萧条期的非对称性质。这也就解释了为何在金融危机前夕,不可解释部分为何会大幅增加。

(三)金融因素对中国产出缺口周期性波动的影响

为了更直观地看到金融因素调整后的产出缺口与传统HP滤波法的产出缺口之间的区别,以及新加入的金融因素对产出缺口的变化是否具有统计意义上显著的解释力。图5-2分别给出了五种金融因素单独纳入和综合纳入模型后的产出缺口与标准HP滤波法得到的产出缺口的对比图。图中实线是考虑不同金融因素时的产出缺口。为了更清晰地表现信贷周期对产出缺口的影响,图中加入了用虚线表示的 HP 滤波法计算得到的信贷缺口曲线(平滑参数取 1 600)。

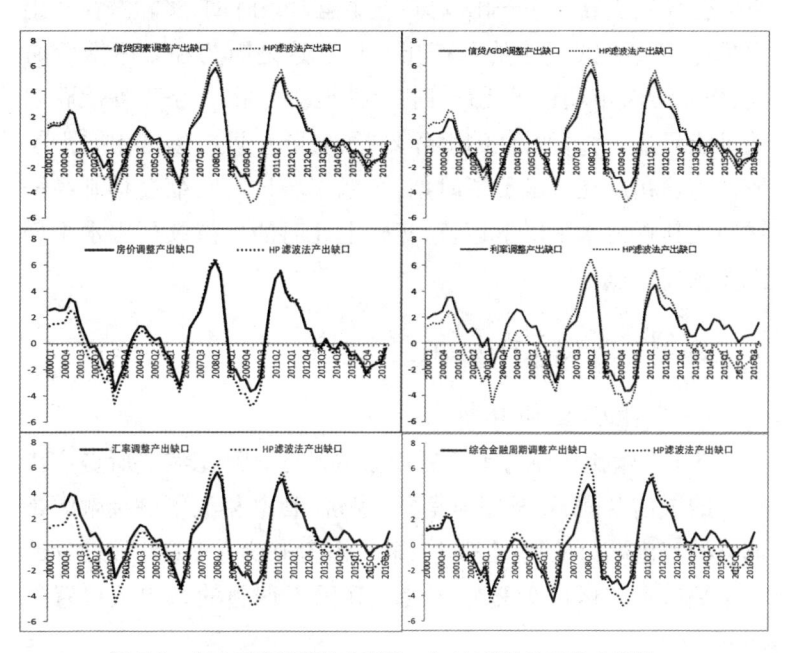

图 5-2　金融因素调整的产出缺口与 HP 滤波法下的产出缺口

总体上,金融因素调整的产出缺口与普通滤波法下的结果差别明显。在金融繁荣期,包含金融因素的潜在产出[①]倾向于低于普通 HP 滤波法下的潜在产出。而在金融萧条时期,包含金融因素的潜在产出水平倾向于高于普通 HP 滤波法下的潜在

---

① 基于包含金融因素的经济潜在增长率测度模型得到的潜在产出(或经济潜在增长率)是包含金融周期信息的潜在产出(或经济潜在增长率),统称为包含金融因素的潜在产出(经济潜在增长率);而产出缺口是实际产出与潜在产出之差,统一称为金融因素调整的产出缺口。

产出水平。在考虑了金融部门对经济活动的限制和刺激作用后,金融因素对可持续的产出水平发挥作用。产出缺口是实际产出和潜在产出之差,因而在金融繁荣时期,实际潜在产出水平更低会导致更高的正产出缺口;在金融萧条时期,实际潜在产出水平更高会导致更小的负产出缺口。这是因为在金融繁荣时期,由于金融市场过于活跃等暂时性推动力量,经济发展欣欣向荣可能只是一种暂时性的群体幻觉,实际上可持续产出水平是较低的。相反在金融萧条时期,金融市场过度紧缩会抑制经济活动在其正常水平以下运行,实际上此时的可持续产出水平反而要稍高一点。

三、模型实时稳定性分析

(一)置信区间分析

图5-3给出了不考虑金融因素的动态HP滤波法所得产出缺口的置信区间,以及同时信贷、房价、利率和汇率各金融因素调整的产出缺口的置信区间。第一幅图中动态HP滤波估计的产出缺口置信区间要稍宽于各金融因素调整的产出缺口置信区间。

一般而言,增加解释变量的滞后期数或者增加解释变量的数量能够提高模型估计精度,但是也将增大过度拟合的风险。包含金融周期因素后的模型拟合优度取决于所考察经济体的金融市场化程度,一般新兴经济体的模型表现稍微劣于发达国家的模型拟合表现,能够得到在统计意义上显著的估计结果,并使置信区间稍有变窄已经很难得。这说明包含金融因素的经济潜在增长率测度模型整体上在统计意义下是成功的,因为估计结果比之前具有更窄的置信区间。

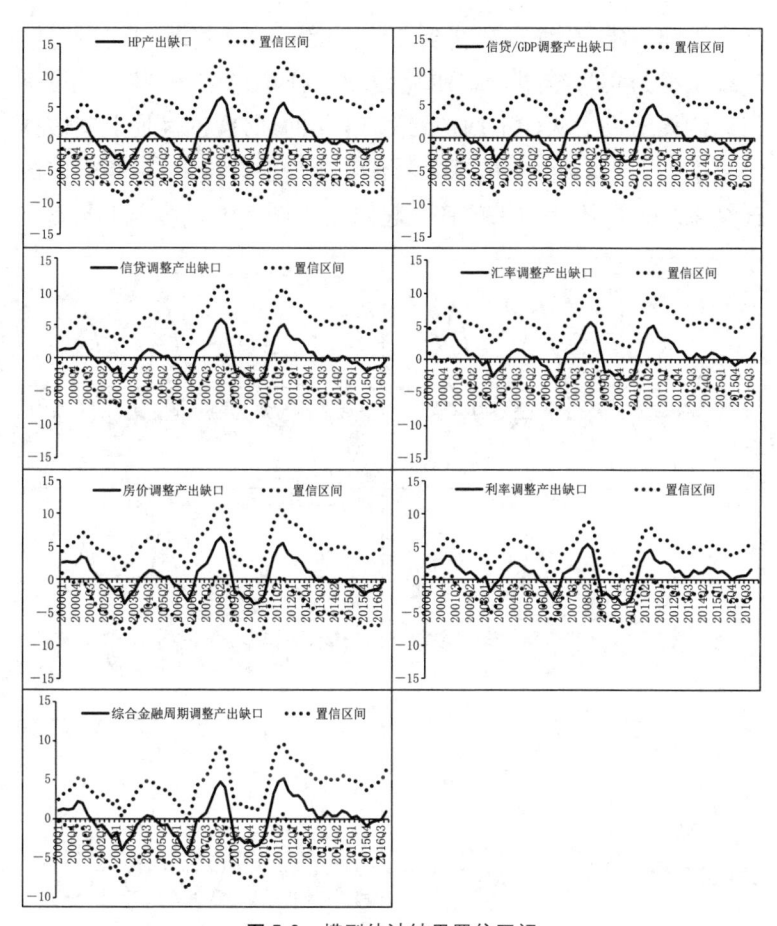

图 5-3 模型估计结果置信区间

(二) 实时预测性能分析

产出缺口能为经济调控决策部门提出实时可信的判断信息,但它的实时准确性一直是测算过程中的难题,很多方法的实时结果都需要在事后进行修正。如果一个模型的实时估计结果在事后的修正幅度很大,就说明该模型的实时预测功能较弱。本研究为了对该模型进行实时稳定性分析,继续将实时估计的样本提前三年,从样本期初到 2013 年为止,并将此期间所得估计结果称为实时结果。本研究截取总样本(2000—2016 年)所得的估算结果中从样本期初到 2013 年的部分(也就是上文估算结果中到 2013 年为止的部分),作为事后估计结果,再将事前估计结果与事后估计结果放在一起对比。图 5-4 为动态 HP 滤波

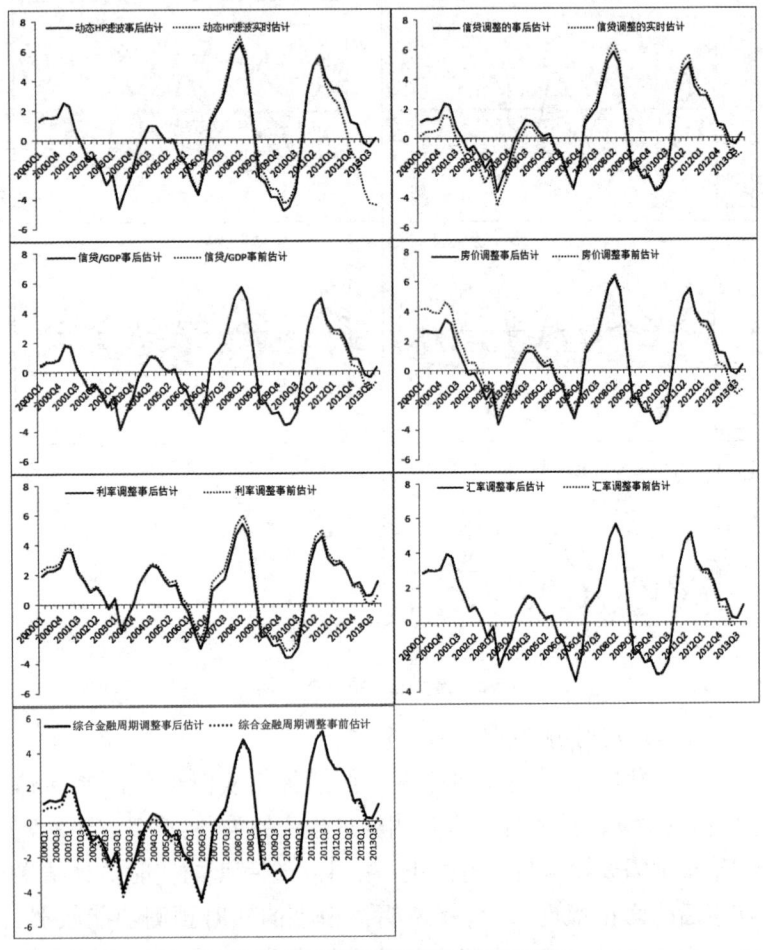

图 5-4　模型事后估计和实时估计表现

下产出缺口的事前事后估计结果对比以及各金融因素调整的产出缺口的事前事后估计结果对比。

观察图 5-4 可以发现动态 HP 滤波法的产出缺口在样本期末端,有比较明显的修正(事前估计值和事后估计值差别较大),而金融因素调整的产出缺口的事前事后估计结果相差很小,曲线几乎重合。可见产出缺口估计的端点问题是可以通过改进模型来实现的,包含金融因素的经济潜在增长率测度模型具有良好的实时估计性能。对于政策制定者而言,这一模型在解释周期性的产出缺口部分表现好于 HP 滤波法,该模型所展示的结果更为可靠。

(三)现实政策含义

此处借助标准泰勒规则来分析该模型在现实政策应用中的表现。泰勒规则是最常见的货币政策规则之一,描述了在既定通胀目标和潜在产出水平下,如何根据通胀缺口和产出缺口进行货币政策操作。泰勒规则的表达式如下:

$$i_t = r^* + \pi^* + \beta(\pi_t - \pi^*) + \gamma(y_t - y_t^*) \quad (5.17)$$

i_t 是名义利率,r^* 是均衡利率,π^* 是央行目标通胀率,π_t 是实时通胀率水平,β 是利率政策对通胀缺口的敏感系数,应该大于 1。γ 是利率政策对产出缺口的敏感系数,一般是正数。$y_t - y_t^*$ 是产出缺口,y_t 是名义产出水平,y_t^* 是潜在产出水平。

2016 年中国经济实际增长速度(GDP 增长率)是 6.7%,根据本章研究结果来看,在样本考察期末端,金融调整后的负产出缺口更快关闭,并出现正缺口,因而可以预计 2017 年的 GDP 增速不会大幅下降,有轻微上扬态势。另外此次缺口虽然由负转正,其上扬幅度并未超过上一次正缺口最大值,因而可以判断出经济增速倾向于保持稳定。现实也印证了上文分析,2017 年中国 GDP 实际增速为 6.9%。如果此时的分析依据是普通 HP 滤波法下的产出缺口值,那么这一缺口值只是由负值关闭为零,对未来经济运行情况的判断会偏冷。因此就经济预测效果来看,金融因素调整的产出缺口的参考价值更高。

在金融繁荣期,包含金融因素的潜在产出倾向于低于 HP 滤波法下的潜在产出。而在金融萧条时期,包含金融因素的潜在产出倾向于高于 HP 滤波法下的潜在产出。在金融繁荣时期金融调整的产出缺口要比 HP 滤波法得到的产出缺口大;而在金融萧条时期,金融调整的产出缺口比 HP 滤波法得到的产出缺口小。因此如果采用金融因素调整的产出缺口作为货币政策的考量依据,在金融繁荣时期,利率上升幅度要比参考 HP 滤波法产出缺口时更大,货币政策应该更紧。

第三节　包含信贷因素的国际经济潜在增长率估计

为更好地观测包含金融因素的经济潜在增长率测度模型的适用性,本节选取美国、英国、日本、巴西和印度来进一步做稳定性分析。重点观察该模型在这些国家的表现是否同样显著有效,通过产出缺口来考察各国信贷变化与经济潜在增长率之间的关系。由于信贷规模的迅速扩张是引起金融不稳定,放大宏观经济波动的重要因素。信贷变化能捕捉到金融周期的关键信息,此处的金融周期因素选取了各国非金融私营部门的实际信贷占 GDP 比重,数据来源于 BIS。各国的实际产出数据以及 CPI 数据都来源于世界银行和 BIS。具体模型设定以及估计过程与前文保持一致:

$$y_t = y_t^* + \beta(y_{t+1} - y_{t-1}^*) + \gamma^* \Delta cr/GDP_t + \varepsilon_{7,t} \quad (5.18)$$

一、估计结果

分别基于各国数据针对模型(5.18)进行估计,各参数估计结果如下:

表 5-3　各国解释变量的系数回归结果

	美国	英国	日本	巴西	印度
β	0.616 6 (11.522 7***)	0.875 9 (37.916 7***)	0.725 9 (12.159 8***)	0.854 3 (25.637 1***)	0.762 5 (11.722 2***)
γ	0.003 1 (6.464***)	0.092 1 (9.816 5***)	0.164 9 (7.432***)	0.174 6 (8.491 4***)	0.255 6 (6.861 6***)

表 5-3 显示加入信贷因素后的系数是显著的,信贷变化的确影响着各国产出缺口的变化路径。图 5-5 给出了不包含信贷因素 HP 滤波模型和包含信贷因素的各国产出缺口估计结果,图 5-6 给出了信贷因素对产出缺口的解释力分解图,图 5-7 和图 5-8 是各国信贷调整的产出缺口的置信区间和事前事后对比图。此处也将中国经信贷调整的产出缺口加入进行比较分析。

对比各国信贷因素调整后的产出缺口与 HP 滤波法下的产出缺口(图 5-5)可以发现在金融危机发生期间,两种产出缺口的差距较大。美国信贷因素调节后的产出缺口与 HP 滤波法下产出缺口在金融危机前期的差距是所考察样本国家中最大的,这说明在 2008 年金融危机到来之前,美国的经济增长对信贷繁荣的依赖程度最大。在金融危机期间,产出缺口迅速下降,经济风险充分释放,在危机过后,美国的产出缺口稳步向均衡值回调,经济复苏前景较好。

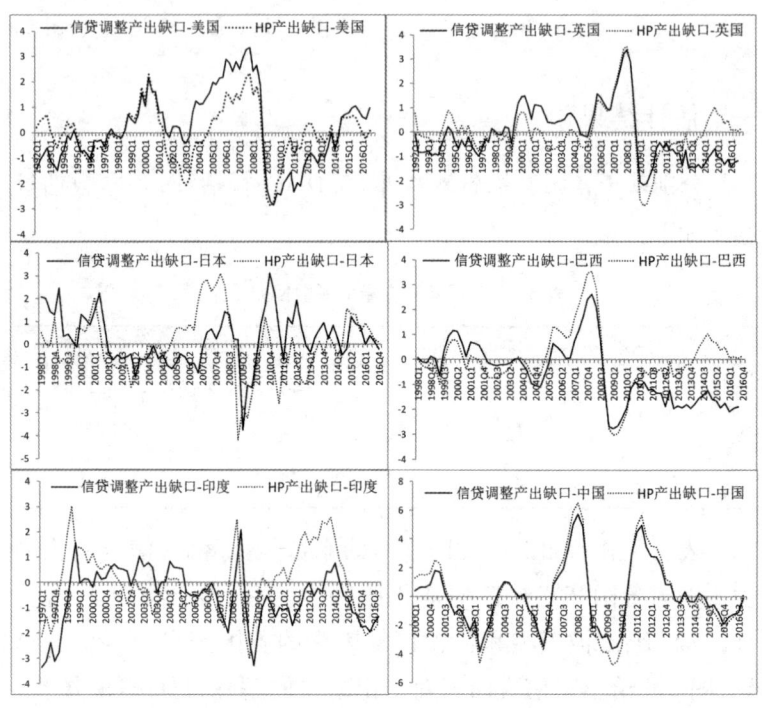

图 5-5　各国信贷因素调整的产出缺口与 HP 滤波法下的产出缺口

英国在 2008 年前夕的信贷因素调节的产出缺口和 HP 滤波法下的产出缺口差距不大,危机期间信贷调整的产出缺口要略小于 HP 滤波法下的产出缺口,危机过后,虽然 HP 滤波法下的产出缺口由负转正了,但信贷因素调节的产出缺口还是负值,这说明英国目前经济情况虽然还可以,但是金融业仍然有待复苏。日本的信贷因素调整的产出缺口与 HP 滤波法下产出缺口的差距在危机后较小,说明在经历了此次金融冲击后日本经济并没有受到太大影响。巴西在危机过后虽然 HP 滤波法下的产出缺口表现还可以,但是考虑信贷因素后的产出缺口非常低,这说明巴西在危机过后的经济复苏的金融基础并不稳固。印度在危机过后有过一段短暂的复苏,此时产出缺口不断向均衡值靠拢甚至由负转正,但是这种复苏态势没有持续下去,在 2014 年产出缺口进一步下降,但此时信贷因素调节的产出缺口和 HP 滤波法的产出缺口差距缩小了,这说明虽然印度经济还未明显复苏,但国内金融业对实体经济的支撑作用在提高。中国与其他国家一样在危机过后出现了产出缺口快速回调的情况,但是随后产出缺口再次回落并由正转负,直到样本考察期末才有回归均值的迹象。这只能说明未来中国的经济发展是保持稳定的,但并未见明显回升迹象。

通过图 5-6 进一步观察信贷因素对各国产出缺口的解释能力,

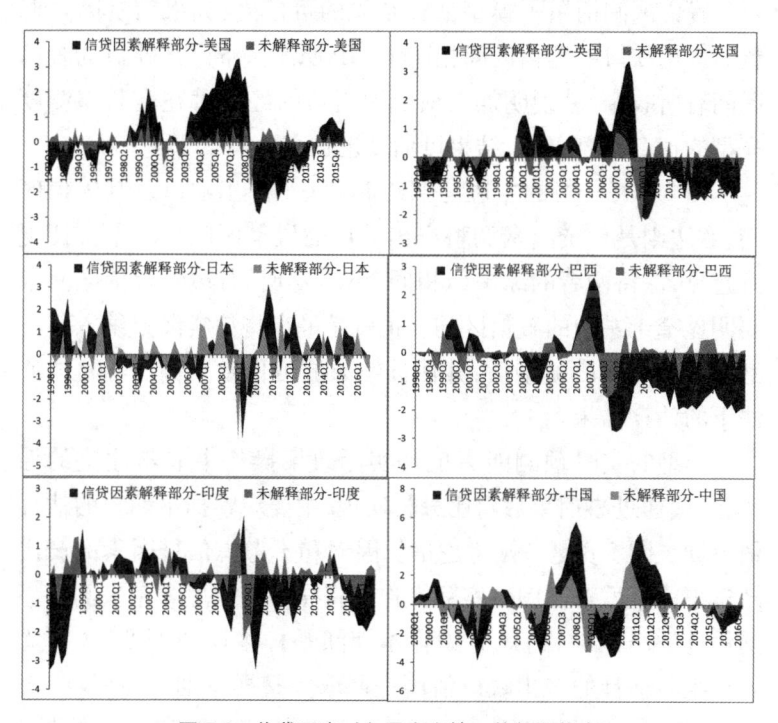

图 5-6 信贷因素对各国产出缺口的解释能力

黑色部分是信贷因素可以解释部分,灰色部分是尚未解释的部分。无论是哪个国家,黑色部分和灰色部分都在金融危机期间变大,这说明信贷因素和不可解释部分都在危机期间增加了,但是黑色部分明显要大于灰色部分,这说明该模型的解释能力较好。信贷因素解释了金融危机对产出缺口的绝大部分影响。不可解释部分的增加有可能是因为金融危机的发生,使信贷因素与其他因素之间也产生了联合变化,从而无法被单独的信贷因素捕捉到。这与之前针对中国的研究表现是一致的。

二、实时稳定性分析

置信区间衡量了模型估计结果的可信度,如果信贷因素调整的产出缺口的置信区间相比于 HP 滤波法下产出缺口的置信区间有所收窄,就说明加入信贷因素后的经济潜在增长率测度模型的拟合优度更佳,结果可信度也越高。

图 5-7 每一行的左边是 HP 滤波法下产出缺口及其置信区间,右边则是信贷因素调整产出缺口的置信区间。为了方便观察起见,保持两者的纵坐标相同,不难发现,右边的置信区间都要明显窄于左边的置信区间。也就是说当将信贷因素纳入经济潜在增长率测度模型后,其估计结果的可信度要高于 HP 滤波法下的估计结果。

模型的实时预测能力也是实际政策操作中非常注重的性质,一般通过事前事后对比分析实现,主要观察样本期末的估计值差异。图 5-8 是各国考虑信贷因素和不考虑信贷因素的产出缺口事前事后对比图。实际操作中将样本期缩短 3 年来测算事前估计的产出缺口,此时的样本期间是样本期初到 2013 年为止。事后估计的产出缺口值则是截取完整样本期(样本期初至 2016 年末)的样本期初至 2013 年部分的产出缺口估计结果。

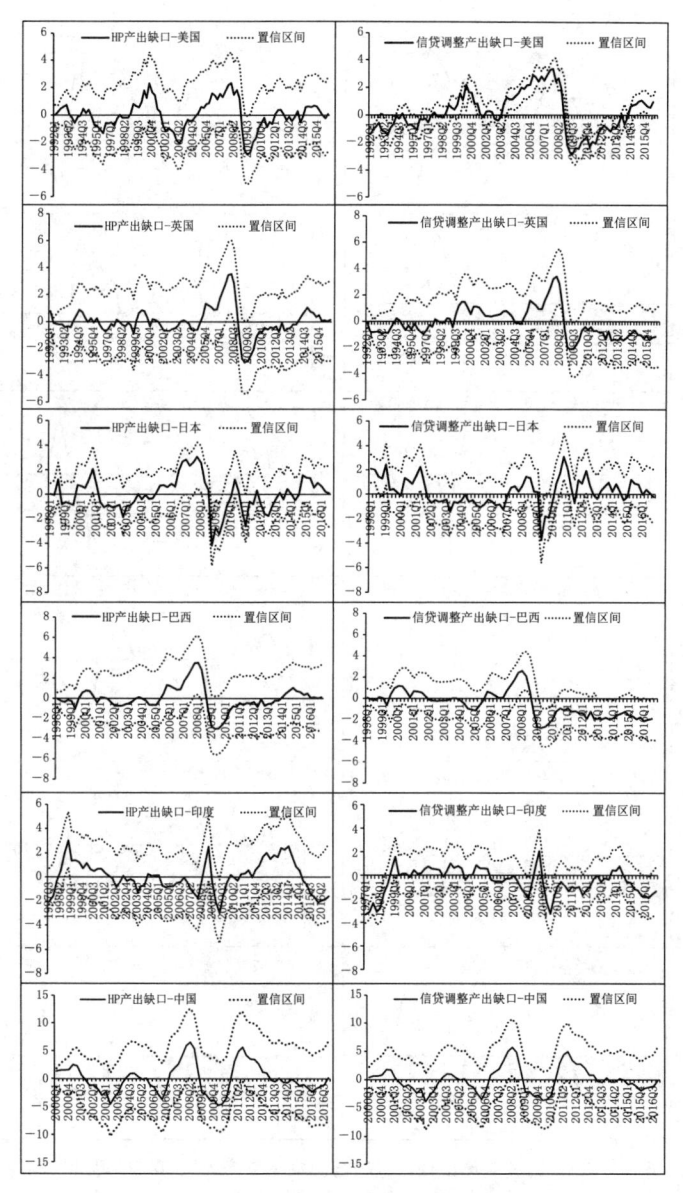

图 5-7 各国 HP 滤波法产出缺口(左)与信贷调整产出缺口模型(右)置信区间

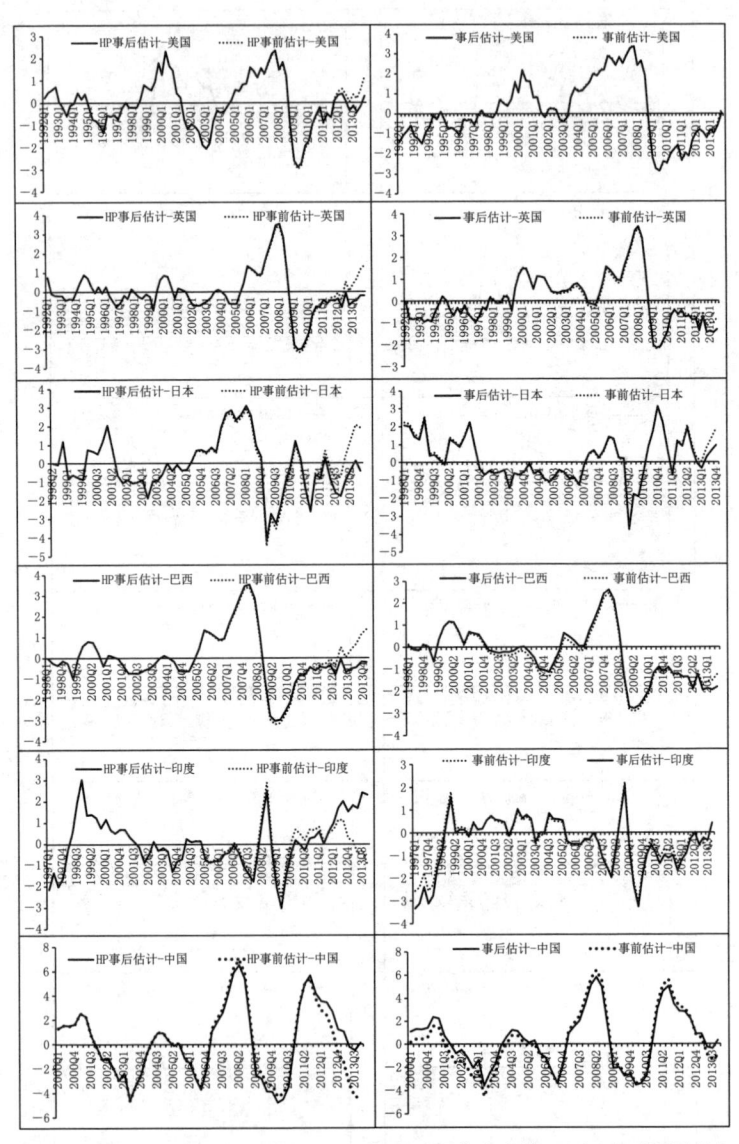

图 5-8 各国 HP 滤波法产出缺口(左)与金融调整产出缺口(右)实时预测能力

根据图 5-8 很明显可以发现右边的实线与虚线的差异要小于左边。这说明信贷因素调整的产出缺口的样本期末的端点差异更小,样本的改变对估计结果的影响也更小。这进一步说明了包含信贷因素的经济潜在增长率模型有更优良的实时预测性能。

观察模型结果可以发现将包含信贷因素的经济潜在增长率测度模型应用于这几个国家时与上文将该模型应用于中国时有相似的结论。信贷因素调整的产出缺口明显优于不考虑信贷因素时 HP 滤波法下的产出缺口。同时金融市场更发达的国家对于该模型的适用性更好,美国、英国、日本两种方法估计得到的产出缺口差异要比巴西、印度、中国更大。信贷因素调整的产出缺口在金融危机前夕提前下降。较之于 HP 滤波法,新模型的置信区间更窄,事前事后调整幅度更小。这些现象都进一步印证了前文得到的结论,即包含金融因素的经济潜在增长率测度模型在统计意义上优于 HP 滤波器模型,依据该模型可以更好地把握金融发展对经济长期增长趋势的影响。

三、信贷因素对各国产出缺口的影响

为了进一步分析信贷周期与各国经济增长周期之间的具体变化趋势,图 5-9 和图 5-10 给出各国非金融私人部门信贷规模占 GDP 比重(credit/GDP)的实际值和缺口值的变化图。实体经济杠杆率由政府部门、居民部门和非金融企业部门的杠杆率三部分组成。非金融私人部门信贷则主要由非金融企业信贷、居民和非盈利机构信贷组成,排除了政府部门债务水平。这是因为政府部门的债务是逆周期的,而私人部门信贷是顺周期的,能够更真实地反映实体经济获得的信贷总额。借助国际清算银行(BIS)定期公布的信贷数据,先依据私人部门信贷规模占 GDP 比重这一指标分析各国杠杆率水平,再结合私人部门信贷规模占 GDP 比重的缺口值(信贷占 GDP 比重偏离其长期均衡值的幅度)来看一国杠杆率的发展趋势,最后结合产出缺口的变动来分析信贷与经济潜在增长率之间的关系。

(一) 各国信贷规模的变动趋势

1. 信贷规模绝对值

国际清算银行定期发布各国的私人部门信贷规模占 GDP 比重,依据这一指标可以观察一国杠杆率的水平,此处选取美国、英国、日本、巴西、印度和中国的私人部门信贷规模占 GDP 比重,呈现在图 5-9 中。

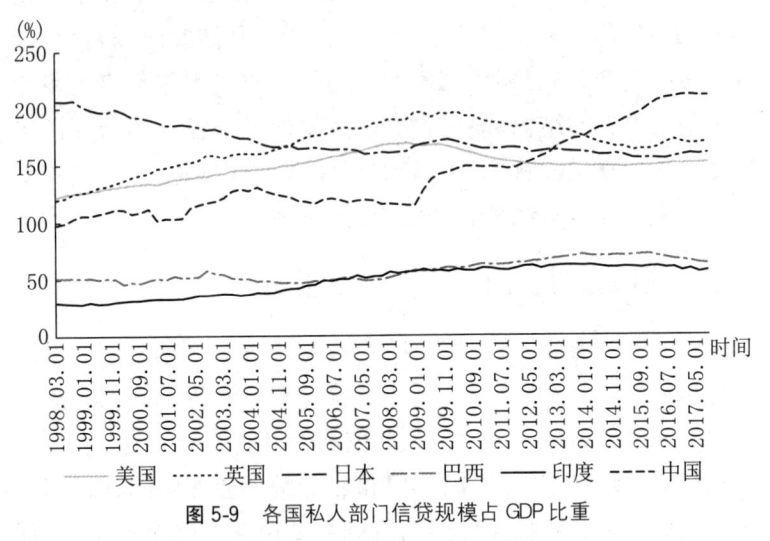

图 5-9　各国私人部门信贷规模占 GDP 比重

• 资料来源:作者自制。

巴西和印度的私人信贷占 GDP 比重的绝对值一直都比较低,2006 年之前维持在 50% 附近,2006 年之后,两国杠杆率都有所上升,但是也并未超过 80%。美国、英国、日本和中国均超过 100%,徘徊在 100%—200% 区间。日本在 1990 年经济泡沫破裂后,就开始了降杠杆过程。在 2008 年金融危机过后,除了中国以外,其他各国的私人信贷占 GDP 比重都有所下降。中国在 2008 年后有两次明显的加杠杆拐点,一次是 2008 年末,该比重有一个快速上升阶段,达到 150% 后有所放缓,2011 年后又再次缓慢上升,2015 年攀升至 200% 以上后增长速度放缓。

2. 信贷缺口值变动趋势

信贷规模是有均衡值的,偏离均衡值幅度越大,金融不稳定风险越高。以 2008 年金融危机为节点,在此之前美国、英国、印度的私人信贷缺口是呈缓慢上升趋势的,在此之后这三个国家的私人信贷缺口值开始下降。中国的私人信贷缺口值在 2008 年之前是正负交替波动态势,但是 2008 年后就一路上扬,正缺口值不断增大,2016 年后有放缓趋势。印度的信贷缺口绝对值不高,在 2008 年后缓慢下降。巴西在 2008 年后持续出现信贷正缺口,在 2014 年后开始回落并逐渐由正转负。美国的信贷缺口值在 2008 年后迅速由正转负,2016 年后缓慢向均衡值回归。英国的信贷缺口值在由正缺口迅速下降转负后,探底幅度很深,近期有回升之势,但离均衡值还很远,负缺口绝对值还很大。日本的私人信贷缺口值在 2008 年前处于由负转正的上升阶段,在 2008 年后,信贷负缺口逐渐关闭,并在均衡值附近小幅波动。

结合信贷规模和信贷缺口变化趋势可以发现,在 2008 年国际金融危机后,中国、印度和巴西这几个发展中国家与美国、英国和日本这几个发达国家的信贷变动路径是不同的。发展中国家普遍加杠杆,发达国家则是降杠杆。为了应对 2008 年国际金融危机,各国普遍采用宽松的货币政策,因此国际宏观流动性是比较充裕的。发达国家的私人部门杠杆率降低是因为债务从私人部门转移到了政府部门,私人部门的资产负债表得到了修复。

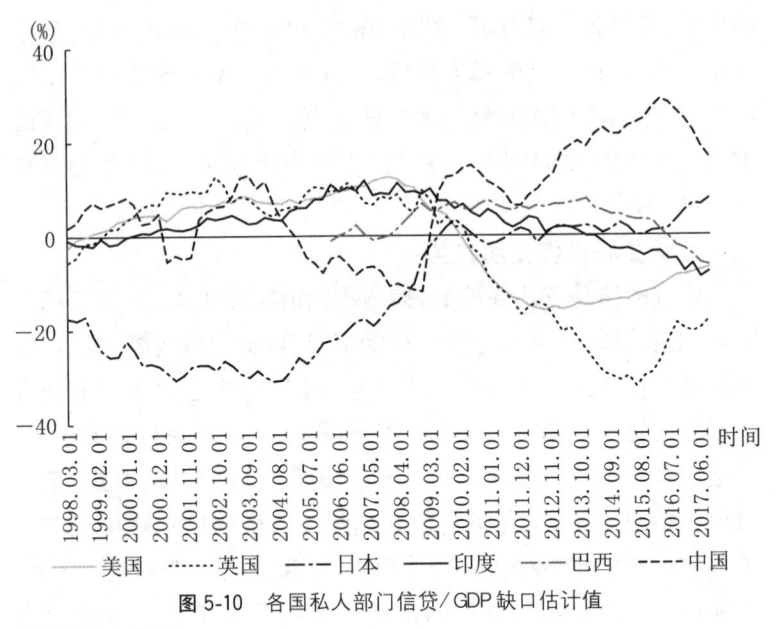

图 5-10　各国私人部门信贷/GDP 缺口估计值

• 资料来源：作者自制。

但是发达国家实体经济面临经济潜在增长率下降，企业扩大再生产速度放缓，对信贷的需求不足，私人部门杠杆率自然会下降。发展中国家私人部门加杠杆是在经济潜在增长率走低伴随实体经济低迷时期出现的。在 2008 年金融危机后，发达国家量化宽松的货币政策释放出的流动性只有少部分留在了国内，大部分都流向了发展中国家，推升这些国家的资产价格。发展中国家的资产价格升高，又进一步吸引更多的投资于金融类资产的信贷需求，导致国内私人杠杆率继续提高。因此发展中国家的潜在金融风险更高。

（二）信贷与产出缺口变动趋势的比较分析

金融周期与经济周期走势并不是完全一致的，两者的关系存在转折点，而信贷规模是较好的转折参考指标。一个国家可承受的杠杆率取决于该国的储蓄率和债务的到期时间，一般将信贷规模除以 GDP 的值作为杠杆率。Arcand 等(2015)、Cecchetti 和 Kharroubi(2012)、Law 和 Singh(2014)认为 80%—120%区间是金融发展与经济增长关系的拐点,若杠杆率超过这一阈值,债务规模继续提高将不利于经济稳定增长。维护金融稳定的成本逐渐超过金融发展的边际收益,过度发展的金融部门将拖累实体经济发展。

1. 各国信贷与产出缺口变动趋势比较

中国在 2009 年至 2015 年期间一直处于加杠杆过程中,其他几个国家虽然也出台了许多刺激经济计划,但是杠杆率都不像中国那样大幅飙升。中国的私人信贷占 GDP 比重在 2008 年末急速上升,四万亿刺激计划开始实施,随后产出缺口在 2009 年快速回正拉高,此时的私人信贷占 GDP 比重约为 150%。金融周期往往领先于实体经济,因而中国在 2008 年金融危机后的经济回暖确实是大规模经济刺激计划在起作用。但是实体经济的回暖并未维持多久,在 2011 年末,此时恰逢私人信贷占 GDP 比重的第二个上升拐点期,该比重再次上升,越过 150%趋近于 200%,中国的产出缺口却再次走低。随着 IMF 不断调高中国潜在金融风险预期,中国私人信贷占 GDP 比重增速放缓,经济加杠杆过程放缓。此时中国产出缺口开始收窄,经济潜在增长率的下降趋势放缓。中国在金融危机后,金融市场走势与实体经济走势大体是反向的。在大规模经济刺激措施下,经济短暂复苏,随后陡然走低,这是金融过度繁荣对经济的反作用。当私人信贷占 GDP 比重远高于安全阈值后,产出缺口的波动性加剧,潜在的金融风险陡然上升,杠杆率与经济增长的变动趋势呈负相关。

在 2000 年互联网泡沫破灭后,美国经济增速出现急速下滑,虽然 HP 滤波器模型下的负产出缺口较大,但是金融因素调整后产出缺口的结果却没那么糟糕,产出缺口只是回到均衡值而已。与此同时,美国信贷规模并未收缩,而是稳定增长。1999年末,美国颁布《格莱姆—林奇—拜利金融现代化法案》,推动金融业混业经营,资产证券化规模不断扩大,美国的杠杆率逐渐增加并在2005年突破150%,潜在的风险不断积聚。2008年金融危机发生,资产价格迅速下跌带来信贷急剧收缩,如图5-9和图5-10所示,美国的私人信贷占GDP比重绝对值迅速下降,信贷缺口也迅速关闭并由正转负,这一过程带动产出缺口悬崖式下跌。美国采取资本注入等方式救援濒临破产的金融机构,为市场注入流动性,又凭借美元的国际货币地位,将成本转嫁给持有美元资产的国家。此后美国实体经济虽然在泡沫破裂的当下遭受很大痛苦,但是事后看来这些过程为实体经济复苏奠定了坚实基础。美国的私人信贷占GDP比重在2009年后逐渐下降,与长期趋势水平不断靠拢,产出缺口的关闭趋势比较稳定。特朗普政府的加强基础设施建设,减税和贸易政策都在逐渐落实,美国此次的经济复苏是值得期待的。

英国实体产业基础较弱,金融业是国民经济的核心产业。此次金融危机对英国金融业冲击很大。英国信贷因素调整的产出缺口要比不考虑金融因素的产出缺口低得多。这说明英国金融系统在此次危机受到较大冲击,偏离均衡值的幅度较大。此次危机后英国国内对经济预期调低,资金供给方放贷意愿低,如图5-10所示英国信贷缺口在2008年后由正转负并持续走低,信贷紧缩现象严重,经济下行预期较强。英国金融业在此次危机中受到巨大冲击,暴露了英国金融监管体制的许多缺陷。随后英国政府也开始对金融监管体制进行改革。2012年,英国颁布新的金融服务法,将金融服务管理局(FSA)拆分为审慎监管局(PRA)和金融行为监管局(FCA)两个机构,宏观审慎监管权重新回到中央银行。英国政府为救助银行业而深陷财政赤字泥淖,在 2008 年后不得不增加税收,减少公共支出。2013 年后英国财政赤字得到改善后便开始实施减税政策来吸引更多的外国直接投资。英国也积极调整产业结构,促进产业创新,稳定了经济增长态势。图 5-5 中英国的产出缺口虽然仍然为负,但绝对值并不大,运行趋势也比较稳定。

20 世纪 80 年代,日本房地产和信贷都极度繁荣,1990 年经济泡沫破裂后,日本私人信贷占 GDP 比重从 200%一路走低到 150%,虽在 2007 年后有所上升,但幅度不大。这是由于日本采取了应对金融危机的经济刺激计划。值得注意的是此时日本的私人信贷占 GDP 比重负缺口逐渐关闭,国内信贷水平趋于长期均衡值。图 5-5 中日本的产出缺口在危机过后也逐渐向均衡值回归,潜在产出与实际产出的差距不断缩小。可见此次金融危机并未改变日本经济发展趋势,日本经济在安倍经济学的三大措施影响下筑底回升。日本作为银行主导型金融结构的国家,在此次金融危机中损失不大,得益于日本进行了卓有成效的金融监管体制改革,金融体系抗风险能力较强。

印度和巴西都是新兴市场国家,杠杆率都不高,私人信贷占 GDP 比重缺口与产出缺口基本保持正相关。在 2008 年金融危机后,这两个国家的债务规模都不断下降,实体经济也都偏冷。印度的私人信贷占 GDP 比重的下降速度在 2011—2013 年期间有所放缓,实体经济在 2013—2014 年有所复苏,但是 2014 年后债务规模再次加速下滑,产出缺口也再次由正转负。可见当杠杆率未越过安全阈值前,信贷规模速度与经济增长速度是正相关的。与发达国家相比,巴西和印度的信贷市场发展水平还较低。

巴西工业基础弱、基础设施落后,是国际大宗商品和原材料的主要出口国,2008 年金融危机以前得益于大宗商品价格的快速上升,巴西的经济增长速度也比较快,国内通胀水平也得到有效控制。但是2008年金融危机后,大宗商品价格回落,巴西的经济增长速度放缓。巴西国内信贷市场发展较落后,融资成本高,中小企业难以获得信贷。2009年后,在巨大利差吸引下,大量外资流入巴西,共同推升了巴西国内信贷规模和资产价格。从图5-9和图5-10可以看到巴西的私人信贷占GDP比重在2009年加速上升。经过一段时间的调整后,私人信贷占GDP比重增速逐渐回落,可是国内居民的负债率已经被抬高。巴西的金融系统开放程度较低,国有银行在巴西金融体系占主导地位,又加上本国货币雷亚尔币值不稳定,巴西金融业发展趋势是不确定的。从图5-5也可以发现巴西金融因素调整的产出缺口和不考虑金融因素的产出缺口差距较大,这也反映了目前巴西的经济增长背后暗藏着金融不稳定风险。2017年后巴西依靠农牧业拉动经济微弱回升,但其背后的信贷市场并未复苏,未来增长前景不确定。

印度的产业结构是以服务业为主的,跳过了工业化步骤,走的是从农业到服务业的发展路径。因而印度国内基础设施落后,城市化率低,经济区域分割现象严重。印度经济在2008年金融危机发生以前一直是以控制通胀为目标的,但是面对经济危机印度无奈之下只能将政策目标从"控通胀"转为"保增长"。印度是前英属殖民地国家,拥有相对完善的金融体制基础,吸取亚洲金融危机的教训,印度的金融改革有序进行,在2008年金融危机过后,也积极加强宏观审慎监管,保持金融稳定发展。如图5-5可见,在2014年后,印度金融因素调整的产出缺口与不考虑金融因素的产出缺口差距不断缩小,可见当前印度的经济增长是以金融稳定发展为支撑的。

2. 启示

信贷风险是金融系统风险积聚的源头,完善的金融监管体制可以增强国内金融系统的抗风险能力。日本是所考察样本中在2008年金融危机中受损失最小的国家,这得益于其在东南亚金融危机后就开始了卓有成效的金融监管体制改革。其他国家在此次危机后也纷纷开始了监管体制改革,建立包含金融稳定的宏观审慎监管框架。发展中国家的金融发展水平要落后于发达国家,金融系统稳定性差,抗风险能力弱,尤其应该重视监管体制改革。

发达国家虽然在2008年金融危机中受到较大冲击,但这些国家的金融发展水平高,金融系统韧性更高,经济复苏能力也更强。新兴市场国家经济结构比较单一,受外部需求变动影响大,抗风险能力差。巴西、印度和中国在经济危机后,国内资产价格不断升高,背后的金融风险不容忽视。发展中国家的经济发展局面其实要比发达国家更复杂,不仅要应对国内实体经济的低迷,更要防范潜在的金融风险。当经济潜在增长率下降与杠杆率不断攀升的情况出现时,必须关注杠杆率变动背后的资源配置效率,警惕资本脱离实体经济滞留在金融系统内空转。金融监管部门应该时刻关注杠杆率的变化趋势,重视资产价格和贷款利率指标,及时控制潜在的金融风险。

这些国家的信贷和经济增长的变动趋势进一步印证了信贷与经济增长非线性关系的观点。信贷规模在安全区间内,信贷与产出缺口走势相同,当信贷越过安全阈值后,信贷与产出缺口走势相反。可见当杠杆率处于安全区间,信贷增加能带动经济发展;然而超过阈值后,信贷周期的走势与经济周期的走势相反。信贷周期是金融周期的核心。关于金融周期与经济周期之间的非线性关系有如下解释,第一,信贷在用于企业投资时效率更高,如果分配给居民部门的比例过高,就会削弱资本使用效率。第二,金融发展促进经济增长的效应对于那些远离国际技术前沿的国家更大,而对于那些已经达到或接近前沿的国家则效果有限。第三,过度发展的金融业可能与其他实体经济部门争夺资源,最关键的就是人力资源。因此保持杆杆率稍低于门槛区间很有必要,可以为突发性冲击留出空间。

第四节 结论及政策含义

本章将金融发展纳入经济潜在增长率的测度,该模型不仅单独纳入了利率、信贷、房价和汇率等因素,还运用主成分分析法提取了金融综合指标,考虑了整体金融周期波动对经济潜在增长率的影响。研究结论是:第一,加入金融周期信息能够改善模型的估计能力。在金融危机前夕,金融因素调整的产出缺口提前下降,新模型在金融危机前有更敏锐的预测功能。新模型为测度包含金融因素的经济潜在增长率提供了可靠的方法。第二,在金融繁荣期,包含金融因素的经济潜在增长率测算模型得到的潜在产出水平倾向于低于 HP 滤波法下的潜在产出水平。而在金融萧条时期,包含金融因素的经济潜在增长率测算模型得到的潜在产出水平倾向于高于 HP 滤波法下的潜在产出水平。在金融繁荣时期,金融调整的产出缺口要比 HP 滤波法得到的产出缺口大;而在金融萧条时期,金融调整的产出缺口比 HP 滤波法得到的产出缺口小。

包含金融因素的潜在产出之所以在金融繁荣期比 HP 滤波法下潜在产出更低,其背后的内涵是,此时的金融过度繁荣很可能已经引致了严重的资本错配,即大量金融资本脱离实体经济,流入了抵押品快速升值领域,在金融系统内空转,而创新性领域的资本被蚕食,于是潜在产出降低,潜在经济增长率趋于下降。反之在金融萧条期,包含金融因素的潜在产出却要高于 HP 滤波下的潜在产出,这意味着在金融下行周期,资本逐渐恢复理性,流回到了实体经济部门,资本错配现象逐渐扭转,经济潜在增长率也趋于提高。

可见包含金融因素的经济潜在增长率是更佳的宏观调控参考指标。如果政府决策层在制定经济政策时忽略了当下的金融周期状况,采用了未经金融周期调整的产出缺口指标,就会采取不恰当的干预政策,从而将经济推向更深层次的失衡。在金融萧条期间,由于金融市场对冲击的放大作用,实体经济显现出的低迷有可能是金融市场放大的效应,实际上的潜在产出水平并未如当时普遍认为的那么低,如果让市场自行调节,一旦金融市场复苏,实体经济就会很快走出低谷。但是如果政府并未意识到金融经济周期的作用,就会在金融危机之初就迫切地采取刺激实体经济政策,从而导致金融危机成为尚未完成的衰退。刺激政策在当下可能见效显著,但是随着刺激政策的退出,实体经济将面临更为痛苦的深层调整,经济低迷期也将再度来临。依据包含金融因素的经济潜在增长率,宏观调控部门可以更准确地把握金融部门的核心功能资源配置功能的实时变动情况和未来的经济变化方向。

信贷周期作为金融周期的核心,私人部门信贷又与实体经济的联系最为紧密。私人部门信贷可以作为宏观审慎监管部门的核心关注指标。杠杆率是有均衡值的,安全区间内的适度杠杆率与经济增长正相关,但是越过安全区间后会增加金融系统脆弱性,过高的杠杆反而会削弱经济增长动力。当经济潜在增长率下降与杠杆率不断攀升同时出现时,必须警惕其背后的资产价格、资金来源以及杠杆结构。

第六章
金融发展提升经济潜在增长率的决定因素

第一节 引 言

　　金融发展不仅影响经济现实增长率,更影响潜在增长率。包含了金融发展的经济潜在增长率有更优的统计意义和实际预测功能。本章中,笔者进一步思考:包含金融发展的经济潜在增长率受什么因素影响? 当将其与不包含金融因素的经济潜在增长率相比时,两者会呈现怎样的区别? 通过比较分析来探寻金融发展提升经济潜在增长率的决定因素。

　　直接研究金融发展影响经济增长的内容有很多。大多数研究是将金融因素视作解释变量,将经济增长水平作为被解释变量。而本章的研究则是分别将包含金融因素的经济潜在增长率和不包含金融因素的经济潜在增长率作为被解释变量,选取除金融因素以外的其他影响因素作为解释变量,对比两个模型的结果来重点观察当纳入金融因素后,其他解释变量的表现是否会有所不同。将包含金融因素的经济潜在增长率作为被解释变量,可以直接探寻金融发展提升经济潜在增长率的决定因素。

　　包含金融因素的经济潜在增长率之内涵是当前金融发展路径可持续状态下的潜在产出的增长速度,根据前文数理模型的研究，包含金融部门的经济增长模型比不包含金融部门的经济增长模型有更高的经济潜在增长率。那么包含金融因素的经济潜在增长率应该与那些同金融有关的因素有更高的相关性。同样的解释变量对包含金融因素的经济潜在增长率的影响要高于不包含金融因素的经济潜在增长率，也就是在计量模型中会表现出更高的系数。

下文安排如下，首先测算中国各省、区和直辖市的包含金融因素的经济潜在增长率，分析中国各地区包含金融的经济潜在增长率的情况，然后分别构建包含金融因素的经济潜在增长率的影响因素模型与 HP 滤波法下不包含金融因素的经济潜在增长率影响因素模型，通过对比分析来凸显金融发展提升经济潜在增长率的决定因素（非金融因素）。另外选取 GDP 总量靠前的国家来估计这些国家的包含金融因素的经济潜在增长率，继而从跨国层面分析以求研究结论更为稳健。

第二节　金融发展提升中国经济潜在增长率的决定因素：省级层面的证据

一、包含金融因素的经济潜在增长率在中国省级层面的估计结果

包含金融发展的经济潜在增长率的估算方法前文已经详细介绍过，此处不再赘述。经济潜在增长率就是潜在产出的增长速度。因为中国省级层面的私人部门信贷的数据难以获得，于是要采用地区短期信贷变化率作为替代指标，数据来源于 EPS 数据库。省级层面包含金融因素的经济潜在增长率是纳入了地区短期信贷因素，不包含金融因素的经济潜在增长率

是 HP 滤波器下的经济潜在增长率。本部分的样本地区包含除广西和重庆[①]等以外的 29 个省区，样本期是 1992—2016 年。

图 6-1 是中国各省区短期信贷的加总平均变化趋势和各地区经济实际增长率的加总平均。图 6-2 是基于 HP 滤波法计算得到的中国各地区短期信贷变化趋势的加总平均以及各地区实际产出增长率。

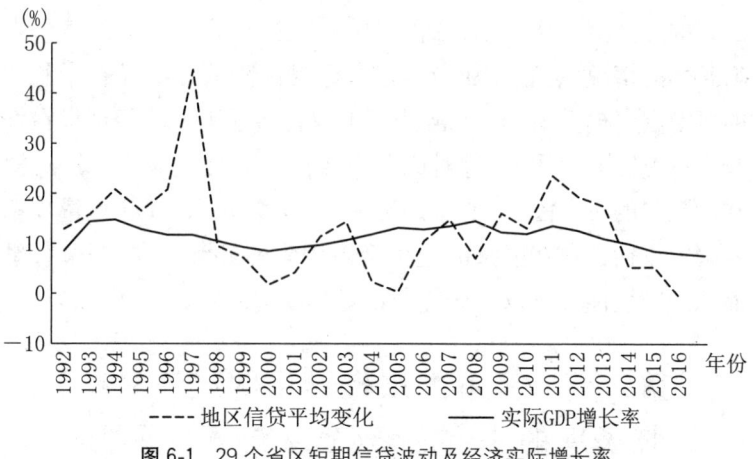

图 6-1　29 个省区短期信贷波动及经济实际增长率

金融周期比经济周期跨度长，金融周期一般是 15—20 年，传统的经济周期一般是 1—8 年。银行信贷和房价是金融周期的观测指标，经济增长率和通胀水平是传统经济周期的观测指标。通过图 6-1 可以发现，1997 年和 2011 年左右是中国信贷增速较快的时期，2005 年前后是信贷增速较低的阶段。1998 年和 2013 年对应金融周期峰值，2005 年附近则对应金融周期谷值。

---

① 广西和重庆的短期信贷数据缺失过多，因而剔除。

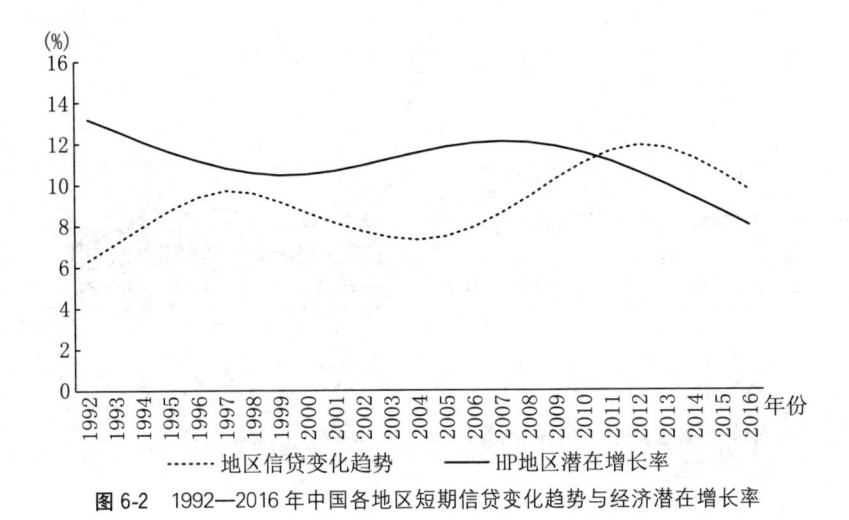

图 6-2　1992—2016 年中国各地区短期信贷变化趋势与经济潜在增长率

（图例：...... 地区信贷变化趋势　—— HP地区潜在增长率）

如图 6-2 可见，中国经济增长速度在 2007 年前都高于 10%，在 2008 年金融危机后中国经济增速开始下降，2006 年后中国 GDP 增长率明显进入下行阶段。可是此时中国金融周期还是处于上升周期的，直到 2014 年后开始有所回落，但是绝对增长率也并不低。

图 6-3 给出了用各地区数据加总平均得到的总体金融调整产出缺口均值[①]和东、中、西地区金融调整产出缺口均值，并将之分别与 HP 滤波法下得到的产出缺口均值进行对比。图 6-3 第一排第一张图是 29 个省区金融调整的产出缺口均值和 HP 滤波法下产出缺口均值对比图，图 6-3 第一排第二张则是 29 个省区中的东部地区使用金融调整的产出缺口均值和 HP 滤波法下产出缺口均值对比图，其他小图以此类推。

---

① 此处的金融调整的产出缺口中考虑的金融因素是地区短期信贷，本章内统一将信贷调整的产出缺口称为金融调整的产出缺口，并不将信贷和金融做特别区分。

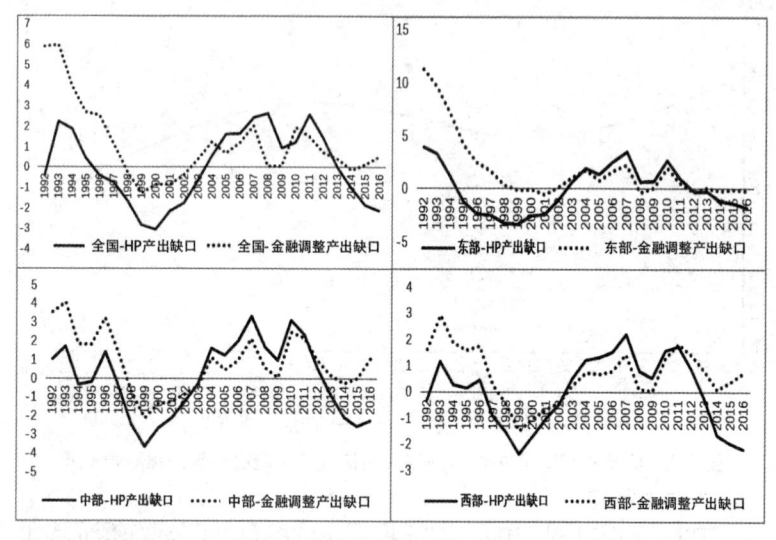

图 6-3 全国和中、东、西部 HP 滤波法下产出缺口均值及金融调整产出缺口均值

图 6-4 给出了用各地区数据加总平均得到的包含金融因素的经济潜在增长率①均值和东、中、西部地区包含金融因素的经济潜在增长率均值,并将之分别与 HP 滤波法下得到的经济潜在增长率均值进行对比。图 6-4 第一排第一张图是 29 个省区包含金融因素的经济潜在增长率均值和 HP 滤波法下不包含金融因素的经济潜在增长率均值对比图,图 6-4 第一排第二张则是 29 个省区中的东部地区的包含金融因素经济潜在增长率均值和 HP 滤波法下不包含金融因素的经济潜在增长率均值对比图,其他小图以此类推。

---

① 此处的包含金融因素的经济潜在增长率中的金融因素是地区短期信贷,本章内统一称为包含金融因素的经济潜在增长率。

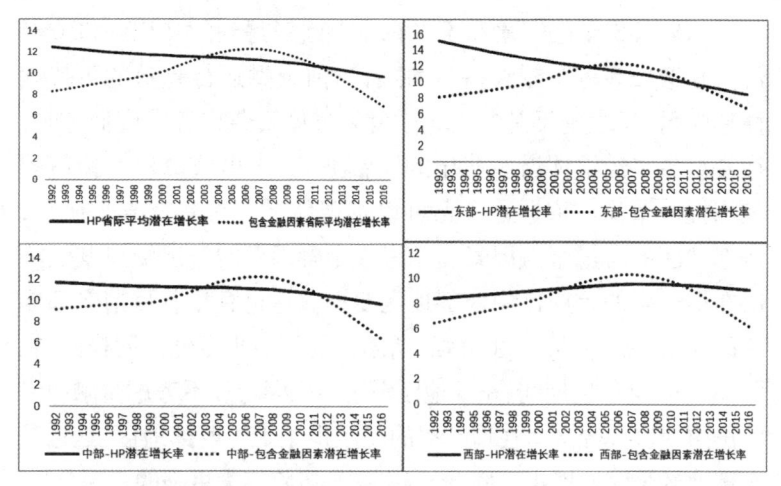

图 6-4 包含金融因素的经济潜在增长率与 HP 滤波法下的经济潜在增长率

金融周期的长度和深度都大于实体经济周期，在金融周期上行阶段，实体经济上升幅度更大，正产出缺口更大；而在金融周期下行阶段，实体经济的下降幅度更深，负产出缺口更大。图 6-3 和图 6-4 的结果也基本符合上述规律。从 1992 年到 2002 年这段时间，中国金融发展处于上升周期，GDP 增速较为平稳，此时的金融调整的产出缺口要高于未经金融调整的 HP 滤波法得到的产出缺口；对应的包含金融因素的经济潜在增长率则低于不包含金融因素的 HP 滤波法下的经济潜在增长率。

1992 年到 2002 年这段时间的经济增速很大程度上受益于金融繁荣，刨去金融红利后的实际经济增长速度并没有那么高。在 2008 年金融危机期间金融调整的产出缺口值又要小于 HP 滤波法下的产出缺口；包含金融因素的经济潜在增长率也高于不包含金融因素的经济潜在增长率。这就说明虽然面临金融危机但是实际上经济潜在增长率并未如当时所见那么低。这些省级层面数据的结论与前文国家层面数据的结论是一致的。

如果考虑金融因素和不考虑金融因素得到的产出缺口或经济潜在增长率差距较大,就意味着当前金融运行趋势的可持续性越脆弱,反之则反是。当金融发展过度繁荣或者过度低迷时,往往会带来经济体潜在产出的大幅波动、产出缺口对均衡值的偏离幅度增加。依据这一点可以发现就样本考察期末端而言,东部地区的考虑金融因素和不考虑金融因素的产出缺口及经济潜在增长率的差距比中西部地区要小。这也意味着目前东部地区的金融发展可持续性更强,所暗藏的风险也更低。同样的,在2008年金融危机期间,东部地区考虑金融因素和不考虑金融因素的产出缺口及经济潜在增长率的差距也小于中西部地区,这也是东部地区金融发展更稳固,经济发展抗风险能力更强的表现。

无论是包含金融因素的经济潜在增长率还是 HP 滤波法下的经济潜在增长率都在 2007 年后进入下行阶段;包含金融因素的经济潜在增长率在 2009 年后要低于 HP 滤波法下的经济潜在增长率;经过金融调整的产出缺口又高于 HP 滤波器下的产出缺口,这与前文依据中国国家层面数据得到的结果基本一致,必须指出的是具体数据是有细微差别的,这是由于省级层面的数据与国家层面的数据并非简单的加总关系。但是分地区的对比分析表现与总体表现相一致,东部地区的包含金融因素的经济潜在增长率与 HP 滤波法下经济潜在增长率在考察期末端差距比中、西部地区更小,绝对值也要稍高。东部地区金融因素调整的产出缺口与 HP 滤波法下产出缺口的差距也要小于其他地区。可以看到东部地区的金融发展还是比较稳定的,考虑了金融因素后,东部的经济潜在增长率也更稳定。这是因为东部地区的金融发展可持续性要更高,中部和西部地区金融发展受危机影响较大。这与中国区域金融发展状况也一致,东部地区金融集聚程度高、辐射力强,区域金融抗冲击能力自然要高于中西部地区。

二、变量选取及模型构建

为了通过比较分析进一步明确金融发展提升经济潜在增长率的作用机制，下文构建如下模型：

$$Y_{fin, it} = \alpha + \beta X_{i, t-1} + \varepsilon \tag{6.1}$$

$$Y_{HP, it} = \alpha' + \beta' X_{i, t-1} + \varepsilon' \tag{6.2}$$

$Y_{fin, it}$是包含金融因素的i地区t年的经济潜在增长率；$Y_{HP, it}$是HP滤波法(不包含金融因素)的经济潜在增长率；$X_{i, t}$是解释变量且在两个模型中保持一致，α和α'是常数项，β和β'是解释变量的系数；ε和ε'是误差项。

经济增长离不开要素的投入，最重要的莫过于物质资本、人力资本、技术和制度环境。具体而言解释变量包含固定资产投资、第二产业增加值占比、外企数量、进出口增长率、工资、商品房平均售价以及腐败程度这几个指标。近年来固定资产投资驱动模式的效率虽然逐渐下降，但投资驱动的作用不容忽视，模型中采用固定资产投资(gdzc)这一指标来衡量。经济潜在增长率的提升离不开经济结构的优化，产业结构(cyjg)更是经济结构中的关键所在，本章采用第二产业增长值占GDP增加值的比重来衡量。地区的技术进步需要本地的研发投入以及开放的环境来引进国外先进技术。因此本章用外企数量(wqsl)和进出口增长率(jck)来衡量一个地区的开放程度。工资(wage)是用于衡量地区的劳动力成本的，商品房平均售价(house)是用于衡量某地区的劳动力居住成本的，另外还引入腐败程度(fb)来衡量一个地区的制度环境，具体而言是用地区职务犯罪(贪污贿赂和渎职侵权)案件数来衡量。各变量原始数据来源于各省区统计年鉴、EPS数据库和各地区检察院工作报告。

经济潜在增长率衡量的是未来的经济发展趋势，考虑到可能存在的内生性,本章的解释变量要滞后被解释变量一期。本章关注的重点是解释变量的系数的大小和显著性是否随着被解释变量的不同而发生改变,也就是 β 和 β' 的差异。具体的面板回归模型 1 和模型 2 如式 6.3 和式 6.4 所示:

$$Y_{fin,\,it} = \alpha + \beta_1 X_{gdzci,\,t-1} + \beta_2 X_{cyjgi,\,t-1} + \beta_3 X_{wqsli,\,t-1} + \beta_4 X_{jcki,\,t-1} \\ + \beta_5 X_{wagei,\,t-1} + \beta_6 X_{housei,\,t-1} + \beta_7 X_{fbi,\,t-1} + \varepsilon \tag{6.3}$$

$$Y_{HP,\,it} = \alpha' + \beta'_1 X_{gdzci,\,t-1} + \beta'_2 X_{cyjgi,\,t-1} + \beta'_3 X_{wqsli,\,t-1} + \beta'_4 X_{jcki,\,t-1} \\ + \beta'_5 X_{wagei,\,t-1} + \beta'_6 X_{housei,\,t-1} + \beta'_7 X_{fbi,\,t-1} + \varepsilon' \tag{6.4}$$

三、实证结果分析

根据表 6-1 报告的实证结果来看,就 Hausman 检验结果而言应该选取固定效应模型,但是考虑到样本数据有可能存在的异方差、序列相关和截面相关等因素,继续使用 Driscoll 和 Kraay (1998) 提出的估计方法来估计,结果也在表 6-1 中呈现。对比 DK-FE 栏的解释变量系数,当被解释变量为包含金融因素的经济潜在增长率时,各解释变量的系数也更高、模型拟合优度更好,总体上模型 1 的表现要优于模型 2。

表 6-1 中国省级面板回归模型对比分析结果

系数	模型 1 (包含金融因素的经济潜在增长率为被解释变量)			系数	模型 2 (不包含金融因素的 HP 滤波法的经济潜在增长率为被解释变量)		
	固定效应	随机效应	DK-FE		固定效应	随机效应	DK-FE
β_1	0.1136** (0.0331)	0.0283 (0.0257)	0.1137** (0.0273)	β'_1	0.0816* (0.0407)	0.0160 (0.0324)	0.0817* (0.0301)
β_2	0.4113*** (0.0874)	0.3370*** (0.0812)	0.4113** (0.0719)	β'_2	0.2061* (0.1075)	0.2211* (0.1011)	0.2061* (0.0733)

(续表)

系数	模型 1 (包含金融因素的经济潜在增长率为被解释变量)			系数	模型 2 (不包含金融因素的 HP 滤波法的经济潜在增长率为被解释变量)		
	固定效应	随机效应	DK-FE		固定效应	随机效应	DK-FE
β_3	0.093 8*** (0.022 2)	0.056 1** (0.018 5)	0.093 8** (0.026 9)	β'_3	0.078 1** (0.027 3)	0.017 0 (0.023 1)	0.078 1** (0.020 8)
β_4	0.095 9*** (0.022 7)	0.101 1*** (0.023 0)	0.095 9* (0.041 4)	β'_4	0.088 8** (0.027 9)	0.087 5** (0.028 3)	0.088 8* (0.047 6)
β_5	−2.909 2*** (0.238 7)	−2.397 4*** (0.191 7)	−2.909 2*** (0.373 1)	β'_5	−1.623 0*** (0.293 6)	−0.944 7*** (0.240 2)	−1.623 0** (0.340 7)
β_6	−0.219 1*** (0.061 7)	−0.158 4** (0.051 8)	−0.219 1* (0.096 5)	β'_6	−0.230 2** (0.075 8)	−0.244 7*** (0.064 9)	−0.230 2*** (0.038 0)
β_7	−0.054 1* (0.029 9)	−0.051 2* (0.029 6)	−0.054 1** (0.016 8)	β'_7	−0.054 7 (0.036 8)	−0.062 5* (0.036 5)	−0.054 7* (0.028 4)
常数项	2.797 1*** (0.492 2)	2.676 9*** (0.461 7)	2.797 0*** (0.649 6)	常数项	3.272 6*** (0.605 5)	3.318 0*** (0.574 2)	3.272 6*** (0.306 6)
R^2	0.825 7	0.818 3	0.825 7	R^2	0.553 1	0.537 9	0.553 1
Hausman 检验 P 值	0.002 4			Hausman 检验 P 值	0.037 3		
Hausman 检验 F 值	22.11**			Hausman 检验 F 值	14.90*		

• 注:DK-FE 方法是 Driscoll-Kraay 标准误调整的固定效应估计方法。***、** 和 * 分别表示 1%、5%和 10%的水平上显著。R^2 是组内值(within R-squared)。

固定资产投资对中国经济增长的重要性是不言而喻的,中国过去 40 年来的经济发展离不开大规模的固定资产投入。投资通过乘数效应可以拉动生产需求,一方面弥补折旧和落后产能,维持再生产,提高扩大再生产能力;另一方面固定资产投资形成投资项目能提供就业岗位,提升就业率。金融系统本身有提高储蓄投资转化效率的作用,能帮助资本流向生产效率更高的领域,从理论上而言,如果经济潜在增长率中包含了金融因素,那么固定资产投资对经济增长的作用应该会更高。两个模型中的固定资产投资的系数也与前面分析相符,模型 1(包含金融因素的经济潜在增长率做因变量)中固定资产投资的系数要高于模型2(不包含金融因素HP滤波法下的经济潜在增长率做因变量),可见良好的金融系统对投资拉动经济增长更有效。

第二产业增加值占GDP增加值的比重关注的是产业结构。产业结构优化是从供给端出发,提高资源配置效率,获得更大的产出投入比,来促进经济增长潜能的释放。产业结构的优化是一个动态过程,是产业结构从合理化向高级化演进的过程。根据本模型的估计结果来看,中国的经济潜在增长率与第二产业的发展水平密切相关,当经济潜在增长率包含了金融因素后就更是如此。这是因为金融发展与产业结构之间也是密切相关的,金融发展与产业结构相互交织,共同作用于经济增长。第二产业是实体经济的主要行业,模型结果表明金融行业通过支持实体经济对经济潜在增长率的拉动作用更大。

外企数量主要是从技术引进的角度分析,技术进步的渠道主要是技术创新、技术扩散和技术转移。初期通过自由贸易引入国外投资可以引进技术,然后逐步进行自主技术研发,配合产业结构的升级加大自主研发的比重,实现技术的赶超。因此外企的数量是用于衡量地区技术引进和技术发展水平的。创新能力对注重通过金融发展促进经济长期增长的经济体而言更加重要。

进出口增长率衡量的是一个国家的贸易水平和开放程度。开放和金融是密不可分的,理论上某个地区的贸易水平与金融发展水平成正比,金融系统发达的地区产业融资约束较小,有利于该地区对外贸易。中国所采取的方式是先放开贸易开放,再逐步推进金融开放。通过本书模型对比可以发现,贸易开放程度提高有助于通过金融发展提升经济潜在增长率,也就是说当某一经济体希望通过金融发展来促进经济增长时,对外开放和自由贸易尤其需要被重视。

工资成本衡量的是企业的劳动力成本,某地区劳动力成本与该地区经济潜在增长率是负相关的,这是合理的。因为劳动力成本过高会压缩企业的可用资金,影响企业扩大再生产,尤其是在重视金融发展提升经济潜在增长率的经济体,劳动力成本过于高昂的负作用更明显,因为在这些地区企业资金供应链的关键性尤为突出。

商品房平均售价衡量的是某地区劳动力的居住成本,劳动力居住成本过高对经济潜在增长率的负作用是显而易见的。劳动力在地区间是可以流动的,居住成本高的地区的劳动力流入门槛要高于居住成本低的地区。居住成本过高会侵蚀居民可支配收入,抑制居民的消费能力,因此在两个模型中该系数都是负的。但在以包含金融因素的经济潜在增长率为被解释变量的模型中,劳动力居住成本过高对经济潜在增长率的负面作用更强。这可能是因为在金融发达地区劳动力居住成本过高对劳动力流入的抑制作用对于需要大量专业劳动力的金融业更为明显;另一方面,房价与信贷之间的螺旋关系也会因房价过高蕴藏大量风险,这会大大加剧经济发展的脆弱性。

特别的是本计量模型还研究了地区腐败水平对经济潜在增长率的影响,在两个模型中腐败程度对经济潜在增长率都是起负作用的。在以包含金融因素的经济潜在增长率为因变量的模型(模型1)和以HP滤波下经济潜在增长率的模型中(模型2),该系数差别很小,这说明腐败对经济潜在增长率的负作用不管是否考虑金融因素都不容忽视。在模型1中腐败的负面影响要稍低一点,这也是合理的,因为金融发展会稍微抵消掉一点制度的不足。

就模型的R^2而言,模型1要远高于模型2。可见即使自变量相同,两个因变量的不同就造成了模型间拟合程度的明显差异。同样的解释变量对因变量1(包含金融因素的经济潜在增长率)的解释程度要高于对因变量2(不包含金融因素的HP滤波法下的经济潜在增长率)的解释程度。这也进一步说明优化后的经济潜在增长率测度模型的估计结果是有效的,包含金融发展的经济潜在增长率有更高的实证研究价值。

第三节 稳健性分析:跨国层面的证据

为了进一步研究包含金融因素的经济潜在增长率与不包含金融因素的 HP 滤波法下的经济潜在增长率之间的区别是否在跨国层面显著,此处选取了 19 个国家构建跨国面板回归模型进一步分析。

关于这 19 个国家[①]的包含金融因素的经济潜在增长率也是基于第五章中的包含金融因素的经济潜在增长率测度模型估算得到。此处的金融因素选取了各国的私人部门信贷占 GDP 比重这一指标,各国信贷指标和 GDP 的原始数据来源于世界银行。各国不包含金融因素的经济潜在增长率则是通过 HP 滤波法得到的。

选取如下解释变量:人口增长率(X_{rkzzl}),工资水平(X_{wage}),经常项目余额占 GDP 的比重(X_{jcxm}),非居民专利申请数量(X_{zl})和基尼系数(X_{jini})。以上各变量的原始数据都来自 EPS 数据库中的世界宏观经济数据库。

具体的计量模型如下,

$$Y_{fincc,it} = \alpha_{cc} + \beta_8 X_{rkzzli,t-1} + \beta_9 X_{wagei,t-1} + \beta_{10} X_{jcxmi,t-1} + \beta_{11} X_{zli,t-1} + \beta_{12} X_{jinii,t-1} + \varepsilon_{cc}$$
(6.5)

$$Y_{HPcc,it} = \alpha'_{cc} + \beta'_8 X_{rkzzli,t-1} + \beta'_9 X_{wagei,t-1} + \beta'_{10} X_{jcxmi,t-1} + \beta'_{11} X_{zli,t-1} + \beta'_{12} X_{jinii,t-1} + \varepsilon'_{cc}$$
(6.6)

---

① 所选国家分别是美国、日本、德国、法国、英国、意大利、加拿大、西班牙、澳大利亚、墨西哥、比利时、瑞士、捷克、匈牙利、希腊、以色列、丹麦、芬兰和奥地利。

就表 6-2 的模型估计结果来看,根据 Hausman 检验结果,应该选取固定效应模型,但是考虑到样本数据有可能存在的异方差、序列相关和截面相关等因素,继续使用 Driscoll 和 Kraay(1998)提出的估计方法来估计,结果也在表 6-2 中呈现。

人口增长率这一因素在模型 3 中的系数更高也更显著。可见充足的劳动力供给可以使金融发展更好地提升一国经济潜在增长率。人口在以 HP 滤波法得到的经济潜在增长率为因变量的模型中的系数要小得多,而且也未通过显著性检验。可见,跨国层面数据证实了充足的劳动力供给是金融发展提升经济潜在增长率的重要保证。

表 6-2 跨国层面面板回归结果对比

系数	模型 3 (包含金融因素的经济潜在增长率为被解释变量)			系数	模型 4 (不包含金融因素的 HP 滤波法下的经济潜在增长率为被解释变量)		
	固定效应	随机效应	DK-FE		固定效应	随机效应	DK-FE
β_8	0.074 8* (0.047 6)	0.052 6 (0.045 7)	0.074 8* (0.056 2)	β'_8	0.002 0 (0.054 7)	0.027 9 (0.051 7)	0.002 0 (0.050 8)
β_9	−0.512 3*** (0.064 9)	−0.411 6*** (0.054 5)	−0.512 3*** (0.052 5)	β'_9	−0.223 4*** (0.074 7)	−0.234 4*** (0.060 3)	−0.223 4* (0.073 3)
β_{10}	0.108 0*** (0.045 5)	0.081 4 (0.044 8)	0.107 9* (0.061 1)	β'_{10}	0.015 3 (0.052 3)	0.039 3 (0.508)	0.015 3 (0.067 5)
β_{11}	0.100 1* (0.042 9)	0.116 8** (0.042 2)	0.101 0* (0.054 9)	β'_{11}	0.154 5** (0.049 4)	0.173 7*** (0.047 9)	0.154 5* (0.056 9)
β_{12}	−0.004 1* (0.001 9)	−0.001 2 (0.001 7)	−0.004 1* (0.003 0)	β'_{12}	−0.048* (0.002 3)	−0.002 6 (0.002 0)	−0.004 9 (0.003 0)
常数项	0.703 0*** (0.048 5)	0.722 1*** (0.049 1)	0.074 8** (0.056 2)	常数项	0.680 2*** (0.055 8)	0.651 0*** (0.051 7)	0.680 2*** (0.065 5)
R^2	0.394 2	0.386 4	0.394 2	R^2	0.375 5	0.371 4	0.375 5
Hausman 检验 P 值	0.013 0*			Hausman 检验 P 值	0.005 0**		
Hausman F 值	16.14*			Hausman F 值	18.50**		

- 注:DK-FE 方法是 Driscoll-Kraay 标准误调整的固定效应估计方法。***、** 和 * 分别表示 1%、5% 和 10% 的水平上显著。R^2 是组内值(within R-squared)。

工资水平越高，经济潜在增长率就越低，而且在因变量包含了金融因素的模型3中，工资与经济潜在增长率之间的负相关效应更大。这说明高额的劳动力成本不利于金融发展提升经济潜在增长率。高额的劳动成本会挤占企业的可用资金，限制其扩大再生产的能力，也会减少生产领域中的流动资金，因此会压缩经济潜在增长率的上升空间。

一般而言，某地区经常项目余额占GDP比重越高，说明该地区主动参与国际竞争程度也越高，相应的经济开放程度也越高。本部分跨国面板模型也与中国省级层面数据呈现了一致的结果，模型3中经常项目余额占GDP的比重的系数虽未高于模型4，但是却更显著。这说明主动参与国际竞争能使金融发展更好地提升经济潜在增长率。主动参与国际竞争会提高该地区的金融体系发展水平，而高水平的金融发展系统也能帮助本地区产业不断适应国际产业链升级，创造新的比较优势。因此开放和竞争对于金融发展提高经济潜在增长率而言尤为重要。

本部分用专利申请数量代表一国技术创新水平，模型3中该变量的系数稍小于模型4，但是都是显著的。专利申请数量对包含金融因素的经济潜在增长率的积极作用有所下降，可能是由于本部分只是选取了非居民申请专利数，该指标本身只是对技术创新水平的大致衡量。专利申请数可能与其他因素，如企业内部的研发投入的关系更大。

引入基尼系数是衡量地区收入分配差距对经济潜在增长率的影响，一般来说地区收入分配越是不均衡，该地区的经济潜在增长率就会越低。模型中的基尼系数的系数为负，这与理论一致。不容忽视的是，当纳入金融因素过后，地区分配不均衡对经济潜在增长率的抑制作用得到了缓解。这可能是由于金融发展会在客观上提高区域经济资金配置效率，而金融发展到一定阶段,金融包容性会提高,普惠程度也会加大,这些因素综合起来弥补了区域收入不均衡对经济潜在增长率的负面作用。

第四节 总结性评述

本章研究包含金融因素的经济潜在增长率的实证研究价值并探寻有助于促进金融发展提升中国经济潜在增长率的决定因素(非金融关键要素)。以往的研究大都将金融发展与经济增长分别放在等号的两端,本章将包含金融因素的经济潜在增长率作为被解释变量,可以直接探寻金融发展提升经济增长的决定因素(前提条件),所得到的政策启示也更有针对性。

本章分别用包含和不包含金融因素的经济潜在增长率做被解释变量构建面板回归模型,并基于中国省级层面数据和跨国样本数据分别进行比较分析。无论是中国省级层面还是19个国家的数据都证明了包含金融因素的经济潜在增长率是更优良的实证研究指标,用包含金融因素的经济潜在增长率作为被解释变量的计量模型解释力更强。这说明包含金融因素的经济潜在增长率是更优的政策调控参考依据和实证研究指标。

通过构建包含相同解释变量、不同被解释变量的模型,发现若要依靠金融发展提升经济潜在增长率,在关注金融发展本身的同时,还有以下几大关键要素值得关注:对外贸易、技术进步、人力资本供给、劳动力居住成本、社会分配公平程度和腐败程度。这意味着这些领域的完善能够为金融系统资源配置机制高效运行提供坚强后盾。

要使金融发展更好地提升未来经济增长趋势,就必须创造相应的前提条件。首先是合理的社会财富分配制度,良好的司法体制能保证金融和经济稳定发展的制度前提;其次,支持技术创新是金融发展提升经济潜在增长率的突破口；再次，对外开放是保证金融发展支持符合比较优势的产业之关键所在；最后，充足的人力资本、合理的劳动力居住成本是金融业稳定发展的保证。

腐败对经济增长和金融发展都有负作用。社会整体腐败程度过高会拉低经济运行效率，不利于金融发展。而当腐败进入金融系统后，则会直接拉动金融资源配置效率，使得优质的金融资源被低效率的领域蚕食，导致高效率的领域难以获得充足信贷，如此经济潜在增长率必然会走低。反腐败对于促进金融发展提升经济潜在增长率可谓是十分重要。

中国应该继续推进制度现代化建设，提高社会公平程度，构建支持创新的多层次金融体系，使自身能依靠金融发展加速创造新的比较优势，实现新旧动能的顺利转换。另外，中国的人口增长率长期来看趋于下降，未来劳动力供给并不乐观，而劳动力供给充足恰恰是促进金融发展提升经济潜在增长率的重要前提，未来中国应重点关注如何保证人力资本供给并提高人力资本质量。

第七章
金融结构对中国经济潜在增长率的影响

第一节 引 言

经济潜在增长率的提升意味着经济结构的优化、经济运行效率的提高。拓宽中国经济潜在增长率的上升空间不仅要求生产要素投入总量的增加,更需要经济结构进行深刻转变。金融发展就是金融结构的优化过程,一国的金融结构从资金价值和信用角度映射着整体经济结构。探索最优金融结构的过程是实现经济结构优化、提升经济潜在增长率的关键途径。自 Goldsmith(1969)将金融结构对经济增长的影响视为金融发展领域的核心问题后,关于金融结构的研究不断丰富。金融发展理论的核心就是解释金融发展对经济增长的影响,关于金融结构的研究也依循这一终极目标。起初许多学者把关注重点放在银行主导型和市场主导型各自的优势上,很多理论致力于解释跨国层面的金融结构差异。Singh(1997)主张银行主导型的金融体系对经济发展更重要。Greenwood 和 Jovanovic(1990)、Greenwood 和 Smith(1997)、Allen 和 Gale(2000)则倾向于支持市场主导型的金融体系更能促进经济发展。支持银行主导型的理论强调银行向企业提供资本时需要进行尽责调查,这可以提高信息透明度,提高公司管理效率等。支持金融市场主导型的理论则从市场可以更好地监督公司,并为高风险创新项目提供资金,从而促进技术创新和经济发展这些角度进行论证。随着研究的深入,理论研究不再争论哪种金融结构更优,而是将关注重点放在金融体系的整体功能上,并主张何种金融结构并不重要,关键是金融体系是否可以满足经济发展的需求。因而金融机构功能受到了前所未有的重视,此时的理论不再单纯强调银行或市场,而认为两者是互补的。最有代表性的流派是金融服务论和金融法律论。金融服务论认为银行和市场是互补的,它们都是为了降低交易成本。金融法律论则强调法律制度是金融业发展的关键决定因素,因而根据法律制度的效力来划分样本更佳。林毅夫等(2003,2009,2012)提出的最优金融结构理论将金融发展和经济增长的研究进行了较好的概括和提升,将金融结构视作动态过程,它随着经济发展的特定需求而演化。该理论认为,在经济发展的初期阶段,金融系统多会以银行系统为主;随着经济发展、资本积累不断增加,金融结构会逐步往市场主导型转变。金融结构是根据实体经济部门需求不断调整的,不同国家的金融结构都可以有所不同,在研究金融结构时需要结合一国自身的资源禀赋和产业结构来具体分析。

  大量研究表明,金融结构与经济增长之间的具体关系是因国家而异的,因此针对中国情况进行专门研究是很有必要的。依循最优金融结构理论的脉络,国内学者也进行了多方位探索。在理论研究方面,张成思和刘贯春(2015,2016)、尹雷和赫国胜(2014)等学者致力于用数学模型刻画金融结构对经济增长的作用。实证研究则多聚焦于验证中国是否也存在最优金融结构效应,以及对比银行部门和证券市场对经济发展的作用。虽然目前各种样本和分析视角下的研究比较丰富,国内关于最优金融结构的存在性还未形成一致结论。季益烽(2014)、彭俞超等

(2017)、邵汉华(2018)支持金融发展对经济增长的倒 U 形影响机制。闫斐(2017)运用跨国面板数据得到的结论不支持金融发展与经济增长之间的非线性效应。龚强等(2014)构建了理论模型分析最优金融结构、产业结构和风险特征,发现在现阶段下,银行体系基本满足中国经济的发展现状,但是未来的产业结构转型升级要求更良好的资本市场。

目前国内该领域研究主要集中在论证中国最优金融结构的存在性,以及对比银行和股市对中国经济增长的作用。大多研究关注的是经济增长和金融结构,还未拓展到经济潜在增长率方面。实际上金融结构不仅影响当前的经济增长水平,更对未来经济发展趋势有深远的影响,本章欲在此方面做一点尝试。其实仅论证最优金融结构是否存在是不够的,只有判断出实际金融结构对最优金融结构的偏离方向和程度时,才能制定合理的调控政策。囿于技术手段和数据的匮乏,该领域的研究较少,但是意义更重大。国内有为数不多的学者开始关注对最优金融结构的偏离是否影响经济增长,代表性研究在构建最优金融结构指标基础上测度最优金融结构缺口再进行实证分析,如张建平(2015)、叶德珠和曾繁清(2018)。其实这一领域也是最优金融结构理论的深层次内涵所在。最优金融结构是处于动态变化过程中的,一国的产业结构也是不断演化的,许多因素都会导致实际金融结构偏离最优金融结构,因此与其关注最优金融结构的存在性,不如关注实际金融结构对其的偏离,这样更具有实践意义。另一方面,对最优金融结构的偏离有可能不会影响当期的经济发展现状,但是可能影响未来经济发展趋势,因而从经济潜在增长率的角度进行分析将更有意义。

现有研究有如下共识:其一,银行主导型和市场主导型的金融结构孰优孰劣并不存在统一结论,在经济体某一发展阶段,要素禀赋给定,存在一个最优金融结构。其二,最优金融结构是通过与实体经济的产业结构动态匹配来推动经济增长的。其三,实际金融结构对最优金融结构的偏离会影响经济未来增长前景。就中国而言,该研究可以从三方面着手:首先,最优金融结构理论在中国的适用性,这一步的证明是为后续研究提供基础;其次,如果该理论适用,那么中国现实的金融结构相对于最优金融结构的偏离程度是多少;最后就是中国未来金融结构向哪种金融结构演进更佳,并且在向该最优金融结构演进时,是否可以提升中国的经济潜在增长率。

围绕上述三点,具体操作可分两步进行,第一步是验证最优金融结构在中国的适用性,关注金融结构(金融系统市场导向型或者银行导向型的程度)和经济潜在增长率之间的关系,即两者之间是否存在倒 U 形机制。第二步是判断未来中国金融结构的演进方向。这必须建立在第一步的假说成立基础上。理论上当一国金融体系与最优金融结构距离不断缩小时,金融发展对经济增长的拉动作用是处于上升区间的。反之,如果一国金融结构是与最优金融结构距离不断增大时,金融发展对经济增长拉动作用是不断衰减的。如此就能明确未来金融体系的发展方向。最后,为了保证实证分析结果的稳健性,此处分别基于中国 166 个地级市数据和省级数据进行分析。如果两种数据下的实证结果显著一致,那么本章的结论将更稳健。

下文的安排如下:首先通过构建包含金融结构的二次项的计量模型来分析最优金融结构在中国是否成立;然后运用面板门槛模型分析中国现有金融结构对最优金融结构的偏离程度;最后进行稳健性检验并提出相应的政策建议。

第二节 最优金融结构对中国经济潜在增长率的影响

本节内容是验证最优金融结构理论在中国是否成立,即金融结构和经济潜在增长率之间是否存在倒 U 形机制以及最优金融结构是否通过与产业结构匹配来影响经济潜在增长率。验证方法是在金融结构与经济潜在增长率模型中分别加入金融结构二次项,以及金融结构与产业结构交互项,如果模型整体拟合优度良好且系数显著,则说明上述假说成立。

一、模型设定

在 Beck 和 Levine(2004)研究金融结构与经济增长的模型基础上提出如下计量模型:

$$\ln Y_{i,t} = \alpha + \beta_1 Finjg_{i,t} + \beta_2 Z_{i,t} + \varepsilon_{i,t} \tag{7.1}$$

其中,$Y_{i,t}$ 是 i 地区 t 年经济潜在增长率,$Finjg_{i,t}$ 是 i 地区 t 年金融结构指标,$Z_{i,t}$ 是 i 地区 t 年的控制变量。$\varepsilon_{i,t}$ 是残差项。

为了考察金融结构和经济潜在增长率之间是否存在非线性关系,在模型(7.1)中加入金融结构二次项,模型变为如下形式,

$$\ln Y_{i,t} = \alpha + \beta_1 Finjg_{i,t} + \beta_2 Finjg_{i,t}^2 + \beta_3 * Z_{i,t} + \varepsilon_{i,t} \tag{7.2}$$

微观层面,金融结构影响经济增长是通过产业层面来实现的。由于产业结构变迁是经济发展的重要内容,能够反映经济增长的动力机制和运行效率。同时,转变经济增长方式也要以产业结构调整优化为前提。金融结构决定金融系统资金配置效

果,产业结构也是资金配置的结果。因而将金融结构与产业发展相结合,以窥见金融结构对经济增长方式的微观机制是可行的。为了检验金融结构是否通过与产业结构相匹配作用于经济潜在增长率,进一步构建金融结构与产业结构交互项纳入模型中进行估计。

$$\ln Y_{i,t} = \alpha' + \beta_1 cy_{i,t} * Finjg_{i,t} + \beta_2 Z_{i,t} + \varepsilon_{i,t} \quad (7.3)$$

模型(7.3)的估计是建立在模型(7.2)的估计结果基础之上的,如果模型(7.2)证明金融结构与经济潜在增长率之间存在倒U形关系,那么就说明最优金融结构的确存在,于是继续检验最优金融结构是否通过与产业结构相匹配发挥作用。如果这一假说成立,可以预计模型(7.3)中产业结构和金融结构交互项的系数为正。

二、变量选取和数据说明

(一)被解释变量

地区经济潜在增长率,使用 HP 滤波法(为了更好捕捉数据的变动趋势,平滑参数选 100)得到 1999—2016 年中国 166 个设区市的经济潜在增长率。

(二)关键解释变量

金融结构(jg):该指标是核心变量,Goldsmith(1969)最早对金融结构做出定义,将金融机构与金融工具的相对规模构成视作金融结构。后来的学者将金融结构分为银行主导型和市场主导型。根据理论研究中对金融结构定义,以及有关金融结构的实证研究经验,用各地区股票融资与企业债规模之和除以该地区银行贷款余额得到的区域融资结构来衡量地区金融结构,该比率越大则说明该地区金融结构倾向于市场主导型,该比率越小则说明该地区金融结构倾向于银行主导型。

金融结构的平方项(jg2)：加入这项是为了检验最优金融结构是否存在,如果金融结构系数为正,金融结构平方项系数为负,那么金融结构与经济潜在增长率之间就存在倒 U 形作用机制。

金融结构与产业结构交互项(cy*jg)：产业结构升级是指在经济发展中第一产业的比重会逐渐降低,相对应的第二产业和第三产业的比重会逐渐增加,所以,现在大部分学者都用第二产业和第三产业的增加值之和占 GDP 的比重来衡量产业结构升级。此处的产业结构指标也使用第二、第三产业占地区 GDP 比重衡量(数据来源于中经网数据库),并构造其与金融结构指标的交互项来验证金融结构是否通过与产业结构的匹配来对经济潜在增长率起作用。

（三）其他控制变量

固定资产投入(gdzc)：用永续盘存法计算得到各省的资本存量。计算公式是 $K_{i,t} = K_{i,t-1}(1-\delta_{i,t}) + I_{i,t}$。其中 i 代表地区, t 代表年份。当年投资 I 采用固定资本形成总额。固定资产投资、价格指数、经济折旧率和基年物质资本存量的数据参考张军等(2004)的研究结果,经济折旧率 δ 取 9.6%。地区固定资产投资总额原始数据来自中国城市统计年鉴。

人力资本质量：用地区普通高等学校在校生人数的对数值表示,来自 EPS 数据库。

工资水平：用设区市职工平均工资的对数值代表,来自 EPS 数据库。

劳动力人数：用年末单位从业人员数的对数值表示,来自 EPS 数据库。

以上变量样本包含中国 166 个设区市和直辖市,样本期是

1999—2016 年。各变量的数据来源是万得、中经网、锐思数据库,以及地区统计年鉴。

三、实证结果分析

考察金融结构和经济潜在增长率之间是否存在非线性关系的模型具体表示为:

$$\ln Y_{i,t} = \alpha + \beta_1 Finjg_{i,t} + \beta_2 Finjg_{i,t}^2 + \beta_3 * gdzc_{i,t} + \beta_4 * jy_{i,t} + \beta_5 * wage_{i,t} + \beta_6 * labor_{i,t} + \varepsilon_{i,t} \quad (7.4)$$

检验金融结构是否通过与产业结构相匹配作用于经济潜在增长率的模型具体表示为:

$$\ln Y_{i,t} = \alpha' + \beta_3' gdzc_{i,t} + \beta_4' jy_{i,t} + \beta_5' wage_{i,t} + \beta_6' labor_{i,t} + \beta_7' cy_{i,t} * Finjg_{i,t} + \varepsilon_{i,t} \quad (7.5)$$

表 7-1 报告了模型(7.4)和模型(7.5)的估计结果,依据 F 检验与 Hausman 检验结果,排除了混合估计模型与随机效应模型,选择固定效应模型。考虑到内生性问题,采取金融结构的一到四期滞后项以及金融结构平方项的二、三期滞后项作为工具变量对模型(7.4)进行分析,结果报告在第三列中(FE-IV)。

表 7-1　面板模型估计结果

变量	模型 7.4 固定效应	模型 7.4 随机效应	模型 7.4 FE-IV 估计	模型 7.5 固定效应	模型 7.5 随机效应
β_1	0.063 1*** (4.95)	0.062 58*** (4.80)	0.037 2* (0.027 4)		
β_2	−0.005 8** (−2.70)	−0.005 8** (−2.65)	−0.006 5* (0.003 8)		
$\beta_3(\beta_3')$	0.419 7*** (53.32)	0.415 2*** (51.59)	0.182 5*** (0.009 6)	0.418 1*** (52.96)	0.413 9*** (11.2)

(续表)

变量	模型 7.4 固定效应	模型 7.4 随机效应	模型 7.4 FE-IV 估计	模型 7.5 固定效应	模型 7.5 随机效应
$\beta_4(\beta_4')$	0.091 0*** (10.11)	0.071 5*** (8.13)	0.027 7** (0.008 6)	0.089 9*** (9.94)	0.071 5*** (8.10)
$\beta_5(\beta_5')$	0.186 0*** (15.20)	0.209 2*** (17.00)	0.537 2*** (0.014 6)	0.191 4*** (15.65)	0.213 0*** (17.38)
$\beta_6(\beta_6')$	0.106 1*** (9.50)	0.085 4*** (7.93)	0.088 8*** (0.007 9)	0.105 0*** (9.37)	0.088 7*** (7.95)
β_7'				0.017 8*** (3.99)	0.018 9*** (4.15)
$\alpha(\alpha')$	0.380 8*** (4.81)	0.491 4*** (7.13)		0.376 2*** (5.87)	0.480 4*** (6.94)
R^2	0.956 6	0.956 4	0.963 9	0.956 3	0.956 1
Hausman 检验 P 值	0.000 0			0.000 0	
F 值	82.49***			70.89***	
Anderson canon LM			134.93*** (0.000)		
Cragg Donald Wald F			21.279 (23.72)		
过度识别检验(P 值)			2.367 (0.796 4)		

- 注:***、**和*分别表示1%、5%和10%的水平上显著,括号内的值为回归系数的 t(固定效应模型)或者 z 统计量值(随机效应模型)。第四栏括号中报告的是 robust 标准误。R^2 是组内值(within R-squared)。Anderson canon LM 是识别不足检验,原假设是存在识别不足问题。Cragg-Donald Wald F 是弱工具变量检验,原假设是工具变量与内生变量有较强相关性,括号里的值是弱工具变量检验10%水平标准值。Sargan 是过度识别检验,原假设是工具变量与内生变量相关,与干扰项不相关,括号里的值是 Chi^2 值。

模型7.4结果显示,金融结构一次项为正,金融结构二次项为负,证实了上文的第一个假设,金融结构与经济潜在增长率的关系呈倒 U 形。可见银行和金融市场不存在孰优孰劣的观点,两者对经济增长的重要程度是随着经济发展情况而不断变化的。随着金融结构中某融资比重的提高,其对经济增长的拉动作用逐渐提升,当达到最优金融结构时金融体系对实体经济的推动作用最大,过了这一临界点,若金融结构中某融资比重继续上升,则金融体系对实体经济的推动作用又逐渐降低。具体作用轨迹取决于实际金融结构与最优金融结构的偏离程度。给定条件下,最优金融结构既定,当实际金融结构偏离最优金融结构程度增加时,金融发展推动经济增长作用减弱,反之当实际金融结构不断接近最优金融结构时,金融体系对经济增长作用增强。

金融结构与经济增长水平是互相影响的,不同的经济发展水平会孕育出不同的金融结构;金融结构也会影响经济的未来发展趋势。为了避免内生性问题影响到结论的稳健性,此处选取金融结构和金融结构平方项的滞后期来做金融结构与金融结构平方项的工具变量。由于滞后期不会直接影响当前经济潜在增长率,只会通过影响解释变量来影响经济潜在增长率,而当期经济潜在增长率则无法影响过去的金融结构和金融结构平方项。因此解释变量的滞后项是理想的工具变量。如表7-1中第3栏模型FE-IV结果所示,当使用工具面板模型后,金融结构一次项与二次项的系数符号与之前一样,可见当控制了内生性后,上文结论依然成立,即金融结构与经济潜在增长率之间存在倒U形作用机制。

在验证最优金融结构存在后,进一步验证金融结构通过与产业结构相匹配作用于经济增长的论点。模型7.5显示产业结构与金融结构交互项系数为正,这就说明中国产业结构与金融结构的匹配程度对经济潜在增长率有显著影响。金融体系服务于实体经济,伴随产业结构升级而不断优化金融结构,影响着经济体未来可持续发展能力。经济潜在增长率决定了未来经济发展趋势,而金融资源的供给方是金融体系,实体经济是金融资源的需求方,供需双方的平衡决定着未来经济走势。产业结构与金融结构的匹配程度越高,越有利于维持可持续的经济增长。

模型 7.4 和模型 7.5 的控制变量符号都符合预期。固定资产投入、人力资本质量、工资水平以及劳动力数量的系数都为正。可见这些生产要素的投入都能够作用于长期的经济增长,与理论含义也相符。

四、稳健性检验

为了增加结论的可靠性,本节基于中国省级层面数据进行结论的稳健性分析。

(一)模型设计

本部分检验的模型设计跟上文一致,具体形式如下:

$$\ln Y_{i,t} = \alpha + \beta_1 Finjg_{i,t} + \beta_2 Z_{i,t} + \varepsilon_{i,t} \qquad (7.6)$$

其中,$Y_{i,t}$ 是 i 地区 t 年经济潜在增长率,$Finjg_{i,t}$ 是 i 地区 t 年金融结构指标,$Z_{i,t}$ 是 i 地区 t 年的控制变量。$\varepsilon_{i,t}$ 是残差项。

进一步考察金融结构和经济潜在增长率之间是否存在非线性关系,在模型(7.4)中加入金融结构二次项,模型变为如下形式,

$$\ln Y_{i,t} = \alpha + \beta_1 Finjg_{i,t} + \beta_2 Finjg_{i,t}^2 + \beta_3 Z_{i,t} + \varepsilon_{i,t}$$
$$(7.7)$$

为了检验金融结构是否通过与产业结构相匹配作用于经济潜在增长率,进一步构建金融结构与产业结构交互项纳入模型中进行估计。

$$\ln Y_{i,t} = \alpha + \beta_1 cy_{i,t} * Finjg_{i,t} + \beta_2 Z_{i,t} + \varepsilon_{i,t} \qquad (7.8)$$

省级层面数据的分析思路与上文市级数据一致,在此不再赘述。

(二)变量选取和数据说明

本节样本包含中国除香港特别行政区、澳门和中国台湾地

区以外的 31 个省、自治区、直辖市,样本期是 1999—2016 年。

被解释变量是地区经济潜在增长率,基于 HP 滤波法(平滑参数选 100)测算这 31 个省区的经济潜在增长率。

关键解释变量包括:金融结构(jg)、金融结构的平方项(jg^2)、金融结构与产业结构交互项($cy*jg$)。此处的产业结构通过计算第二、第三产业占地区 GDP 比重衡量。

其他控制变量包括:资本存量($zbcl$)、R&D 内部支出($rdnbzc$)、信贷结构($dcxdbl$)、教育水平(edu)。其中信贷结构是用地区短期信贷规模除以地区长期信贷规模得到的。其他几个变量的数据都来自万得数据库和 EPS 数据库。

(三)实证结果分析

省级层面考察金融结构和经济潜在增长率之间是否存在非线性关系的具体计量模型是:

$$\ln Y_{i,t} = \alpha + \beta_1 X_{Finjg_{i,t}} + \beta_2 X_{Finjg_{i,t}^2} + \beta_3 X_{zbcl_{i,t}} + \\ \beta_4 X_{rdnbzc_{i,t}} + \beta_5 X_{dqxdbl_{i,t}} + \beta_6 X_{edu_{i,t}} + \varepsilon_{i,t} \quad (7.9)$$

省级层面检验金融结构是否通过与产业结构相匹配作用于经济潜在增长率的模型具体表示为:

$$\ln Y_{i,t} = \alpha' + \beta'_3 X_{zbcl_{i,t}} + \beta'_4 X_{rdnbzc_{i,t}} + \beta'_5 X_{dcxdbl_{i,t}} + \\ \beta'_6 X_{edu_{i,t}} + \beta'_7 cy_{i,t} * Finjg_{i,t} + \varepsilon_{i,t}$$

$$(7.10)$$

表 7-2 报告了模型(7.9)和模型(7.10)的估计结果,依据 F 检验与 Hausman 检验结果,排除混合估计模型与随机效应模型,选择固定效应模型。考虑到内生性问题,采取金融结构的一到四期滞后期以及金融结构平方项的二、三滞后期作为工具变量对模型(7.9)进行分析,结果报告在第三列中(FE-IV)。

模型(7.9)和(7.10)的估计结果显示,金融结构一次项为正,金融结构二次项为负,上文的第一个假设成立。中国省级层面数据也证明了存在最优的金融结构,这一点与上文市级数据的结论一致。控制内生性后的结果如表 7-2 模型(7.9)FE-IV 栏结果所示,当使用工具面板模型后,金融结构一次项与二次项的系数符号与之前一样,可见当控制了内生性后,金融结构与经济潜在增长率之间存在倒 U 形作用机制的结论依然成立。

模型(7.10)发现产业结构与金融结构交互项系数为正,省级数据进一步证实产业结构通过与金融结构匹配来影响经济潜在增长率。另外,省级数据下的模型(7.9)和(7.10)的控制变量符号都符合预期。

由表 7-2 可见,固定资本存量、R&D 内部支出和教育水平的系数都为正,毋庸置疑,固定资本、技术研发投入和人力资本对经济潜在增长率起着重要作用,与上文结论保持一致。因此可以认为最优金融结构理论的确适用于中国,中国金融结构与经济潜在增长率之间存在倒 U 形作用机制。

表 7-2 省级层面数据面板模型估计结果

变量	模型 7.9 固定效应	模型 7.9 随机效应	模型 7.9 FE-IV	模型 7.10 固定效应	模型 7.10 随机效应
β_1	0.046 5*** (3.69)	0.042 8** (3.11)	0.105 6* (0.061 8)		
β_2	−0.004 1** (−3.15)	−0.003 9** (−2.69)	−0.008 5* (0.005 3)		
$\beta_3(\beta_3')$	0.241 4*** (12.68)	0.228 5*** (11.37)	0.302 4*** (0.023 0)	0.238 4*** (12.37)	0.226 1*** (11.2)
$\beta_4(\beta_4')$	0.321 1*** (20.34)	0.341 6*** (20.40)	0.252 1*** (0.023 6)	0.327 4*** (20.62)	0.346 5*** (20.77)
$\beta_5(\beta_5')$	−0.074 6** (−3.49)	−0.049 9* (−2.18)	0.017 1 (0.021 2)	−0.076 1*** (−3.51)	−0.052 7* (−2.29)

(续表)

变量	模型 7.9 固定效应	模型 7.9 随机效应	模型 7.9 FE-IV	模型 7.10 固定效应	模型 7.10 随机效应
$\beta_6(\beta_6')$	0.081 5** (3.37)	0.085 4** (3.04)	0.054 5* (0.024 4)	0.072 4** (2.97)	0.077 4** (3.06)
β_7				0.012 5* (1.96)	0.011 1* (1.61)
$\alpha(\alpha')$	0.700 6*** (4.81)	0.483 9** (3.04)		0.707 6*** (4.79)	0.497 7** (3.1)
R^2	0.979 8	0.979 6	0.978 5	0.979 2	0.979 0
Hausman 检验 P 值	0.000 0			0.000 0	
F 值	34.71***			40.85***	
Anderson canon LM			11.193* (0.04)		
Cragg-D Wald F			1.878 (9.48)		
Sargan			0.679 2 (0.981 3)		

- 注:***、** 和 * 分别表示 1%、5% 和 10% 的水平上显著,括号内的值为回归系数的 t(固定效应模型)或者 z 统计量值(随机效应模型)。第四栏括号中报告的是 robust 标准误。R^2 是组内值(within R-squared)。Anderson canon LM 是识别不足检验,原假设是存在识别不足问题。Cragg-Donald Wald F 是弱工具变量检验,原假设是工具变量与内生变量有较强相关性,括号里的值是弱工具变量检验 10% 水平标准值。Sargan 是过度识别检验,原假设是工具变量与内生变量相关,与干扰项不相关,括号里的值是 Chi^2 值。

第三节 融资结构对中国经济潜在增长率的影响

麦迪森(2003)指出一国的融资结构与其国内产业在世界产业链的地位相关,那些位于世界产业链上游,处于技术最前沿的国家,国内直接融资比例更高。这是因为这些国家的企业所面临的技术创新风险更高,企业更侧重于通过金融市场融资。融资结构中直接融资比重的上升归根到底是经济发展水平的需要,在不同的经济发展阶段,直接融资所发挥的作用也不同。根据上文分析结果,金融结构与潜在经济增长率之间存在倒 U 形关系(如图 7-1)。图 7-1 中 Fs^* 是最优金融结构,横轴 Fs 代表实际金融结构,即直接融资比重除以间接融资比重,Y 代表经济潜在增长率。要直接测度一国实际金融结构对最优金融结构的偏离是很困难的,但是本书提出了一种更简便的思路。定义金融结构是直接融资与间接融资之比,如果一个经济体的直接融资比重提高更有利于提升经济潜在增长率(且提高间接融资比例并不能持续显著提升经济潜在增长率),就说明此时实际金融结构是处于最优金融结构左方;反之,如果提高间接融资比重更有利于提高经济潜在增长率(且提高直接融资比重不能持续显著提升经济潜在增长率),就说明实际金融结构处在最优金融结构的右方。

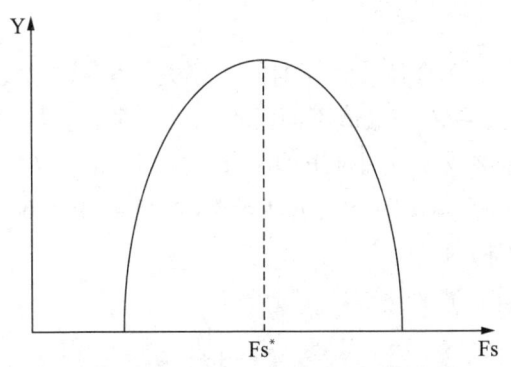

图 7-1 最优金融结构与经济潜在增长率关系示意图

一、模型设定

现阶段中国非金融企业融资方式主体依然是间接融资,虽然股票、债券等直接融资规模也不断扩大,但是间接融资还是占绝对优势。直觉判断中国整体融资结构应该处于最优金融结构左边。当经济处于起步发展阶段时,融资方式往往偏向于间接融资,但是随着经济的发展,一国的产业结构将不断攀升,人均收入水平提高,社会所需的融资方式不断多元化,直接融资占比会逐渐上升。可见社会的融资结构随着经济发展而变化,两者呈现非线性关系。

门槛自回归模型避免了人为分组的主观性,在经济金融领域被广泛应用,适合用于研究变量之间的非线性关系。但是该模型仅能用于时间序列,Hansen(1999)提出了静态面板门槛模型,Tsung-Wu(2010)进一步发展出动态面板门槛,门槛模型得到了更广泛的应用。本节采用 Hansen(1999)的静态门槛模型展开实证分析,单门槛面板门槛模型对应的基本方程如下:

$$Y_{it} = u_i + X_{it}\beta_1 * I(q_{it} \leqslant \gamma) + X_{it}\beta_2 * I(q_{it} \geqslant \gamma) + \varepsilon_{it} \tag{7.11}$$

下标 i 表示个体,t 表示时间。Y_{it} 是被解释变量;X_{it} 是解释变量,也就是随着门槛值不同而不同的变量;q_{it} 是门槛变量,其作用是将样本划分为不同的组(内生分组);u_i 是常数项;$\varepsilon_{it} \sim i.i.dN(0, \sigma_\varepsilon^2)$。$I(\cdot)$ 是示性函数,当括号中不等式成立时,I 取 1,否则 I 取 0。

以矩阵形式表达式(7.11)可得:

$$Y^* = x^*(\gamma)\beta + \varepsilon^* \tag{7.12}$$

当门槛值 γ 一定时,根据最小二乘法可以得到参数 β 的估计量即

$$\hat{\beta}(\gamma) = [x^*(\gamma)'x^*(\gamma)]^{-1}x^*(\gamma)'Y^* \tag{7.13}$$

残差向量是:

$$\hat{e}^*(\gamma) = Y^* - X^*(\gamma)\beta^*(\gamma) \tag{7.14}$$

残差平方和为：
$$S_1(\gamma) = \hat{e}^*(\gamma)'\hat{e}^*(\gamma) \tag{7.15}$$

根据 Hansen(1999)的方法，采用最小二乘法估计 γ 值为：
$$\hat{\gamma} = argmin\,\hat{\gamma}\,S_1(\gamma) \tag{7.16}$$

门槛模型的关键是确定门槛个数和估计门槛参数。Hansen 和 Seo(2002)方法是每次只估计一个门槛值，如果第一个门槛值显著，就继续检验第二个门槛效应是否显著，直到出现不显著的门槛效应时才停止检验。如果门槛变量选择合理，则门槛估计值应该通过显著性检验，其式(7.11)中的 β_1 和 β_2 的估计值应显著不同。

显著性检验是验证门槛值 $\hat{\gamma}$ 的样本数据是否确实存在结构变动。门槛回归模型显著性检验的目的是检验以门槛值划分的两组样本其模型估计参数是否显著不同。不存在门槛值的零假设为：$H_0:\beta_1 = \beta_2 = \cdots\cdots$，构造 LM 统计量：

$$F = n\frac{S_0 - S_n(\hat{\gamma})}{S_n(\hat{\gamma})} \tag{7.17}$$

其中 S_0 是零假设下的总的残差平方和，S_n 是门槛效应下的总残差平方和。

在确定了门槛效应存在以后，还要进一步考察门槛值的置信区间。此时零假设为 $H_0:\gamma = \gamma_0$。似然比统计量是：

$$LR_n(\gamma_0) = n\frac{S_n(\gamma) - S_n(\hat{\gamma})}{S_n(\hat{\gamma})} \tag{7.18}$$

Hansen(1999)计算了置信区间，当显著性水平为 α 时，若下式成立，即：

$$LR_1(\gamma_0) \leqslant c(\alpha) = -2\log[1 - \sqrt{1-\alpha}] \tag{7.19}$$

则不能拒绝零假设 H_0。

本部分的研究思路是根据提高直接融资或者间接融资对经济潜在增长率的提升作用来判断中国当前金融结构相对于最优金融结构的位置。如果持续提高直接融资规模可以不断拉动经济潜在增长率（且提高间接融资不能持续提高经济潜在增长率），就说明现在金融结构还是左偏于最优融资结构，反之则反是。此处选择人均 GDP 作为门槛变量，解释变量则是直接融资规模。因而门槛模型具体表达形式如下：

$$Y_{it} = \alpha_i + \beta_1 zjrz_{i,t-1} I(perGDP_{i,t-1} \leqslant \gamma) + \\ \beta_2 zjrz_{i,t-1} I(perGDP_{i,t-1} > \gamma) + control_{i,t-1} + \varepsilon_i \tag{7.20}$$

其中，Y 是经济潜在增长率，$zjrz$ 是直接融资规模，$perGDP$ 是人均 GDP，α 是常数项，β 是变量系数，$control$ 是控制变量，ε 是误差项。为控制内生性，解释变量比被解释变量滞后一期。

二、变量选取和数据说明

被解释变量：以地区经济潜在增长率为被解释变量，使用 HP 滤波法（平滑参数 100）得到。

关键变量：直接融资规模（$zjrz$）为门槛依赖变量，该指标计算方法是地区股票融资与企业债规模之和占非金融企业融资规模比重。人均 GDP（$perGDP$）是门槛变量，该指标计算方法是地区 GDP 水平除以地区人口数。

其他控制变量：固定资产投入（$gdzc$），地区固定资产投资总额。人力资本质量（jy），用地区普通高等学校在校生人数的对数值表示。工资水平（$wage$），用设区市职工平均工资的对数值代表。劳动力人数（$labor$），用年末单位从业人员数的对数值表示。

数据来源于万得、锐思数据库以及地区统计年鉴,样本包括166个设区市,被解释变量的样本期是2000—2017年,其他变量的样本期是1999—2016年。

三、实证结果分析

首先确定该模型的门槛个数来确定模型具体设定形式。表7-3和表7-4报告了门槛效果显著性检验结果和门槛值估计结果。根据表7-3发现单一门槛、双重门槛和三重门槛都十分显著,因此下文将基于三重门槛模型进行分析。门槛参数的估计值和置信区间见表7-4所示。

表7-3 门槛效果检验

模型	F值	P值	临界值		
			1%	5%	10%
单一门槛	107.086***	0.000	45.727	33.025	27.948
双重门槛	70.240***	0.000	−31.264	−52.551	−65.021
三重门槛	114.472***	0.000	24.039	12.698	9.237

·注:表格内报告了门槛效应检验(bootstrap自抽样300次)对应F统计量和临界值,*表示在10%显著性水平下显著,**表示在5%水平下显著,***表示在1%水平下显著。

表7-4 门槛值估计结果

	门槛估计值	95%置信区间
门槛值一	8.882	[8.819, 8.882]
门槛值二	9.606	[9.561, 9.668]
门槛值三	10.412	[9.405, 10.445]

为了更清晰理解门槛值的估计和置信区间的构建,图7-2—图7-4给出了似然比函数图。似然比统计量是实线,95%置信度下的似然比统计量临界值是黑色虚线,而门槛值落入相应的置信区间内,因而门槛估计值就是实际门槛值,实线与横轴相交的点就是门槛值。第一个门槛值8.882,第二个门槛值在9.606附近,

第三个门槛值在 10.412 附近。当门槛变量达到 8.882、9.606，和 10.412 时，直接融资对经济潜在增长率的影响出现拐点。

图 7-2　第一门槛估计值

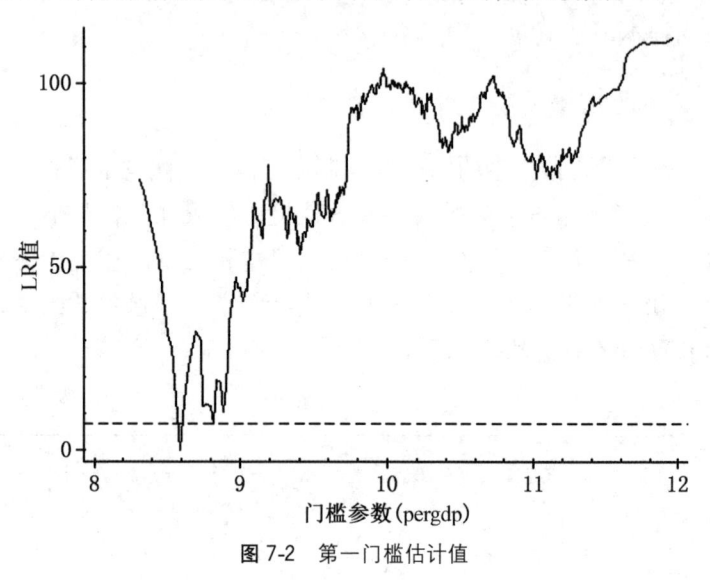

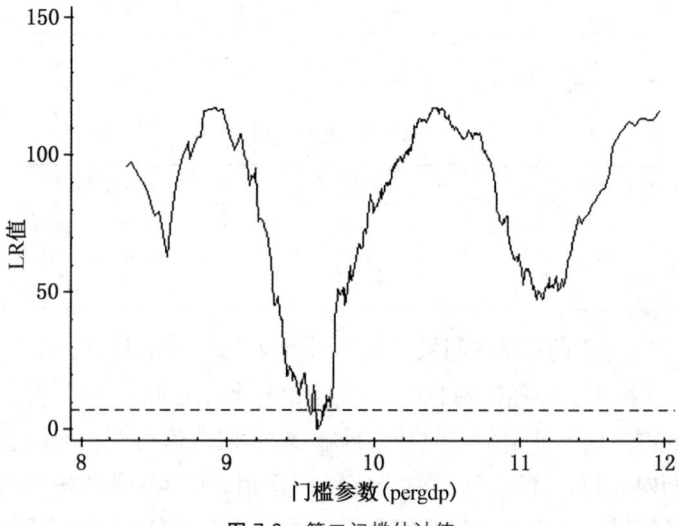

图 7-3　第二门槛估计值

第七章 金融结构对中国经济潜在增长率的影响 | 161

图 7-4 第三门槛估计值

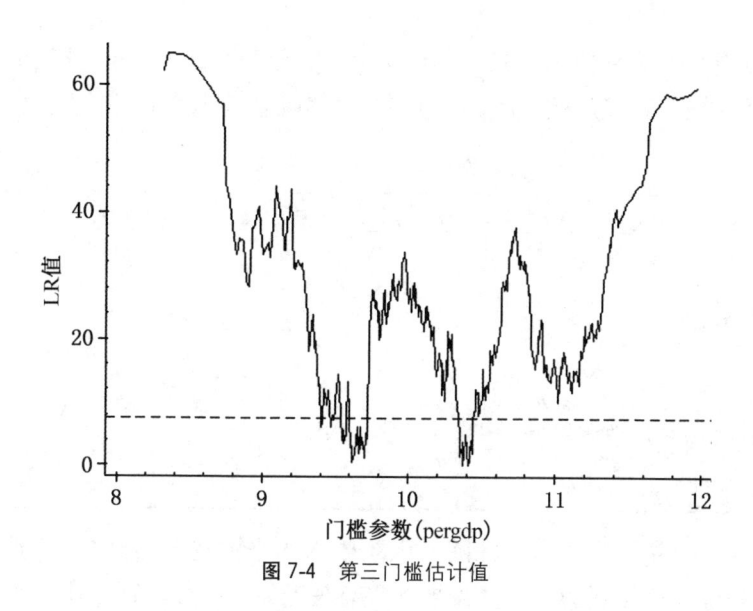

表 7-5 给出了门限回归模型的估计结果，控制变量的符号符合预期，除了信贷期限结构系数为负，其余控制变量系数都为正，经济意义在上文中已经解释，此处不再赘述。重点考察解释变量直接融资规模是否随着门槛值人均 GDP 的上升而对经济潜在增长率的提升作用越来越强。估计结果表明，直接融资规模随着人均收入水平的上升，对经济潜在增长率的作用呈现加速上升趋势，可见直接融资规模扩大更有利于经济潜在增长率的提升，因而可以推测出中国实际金融结构是左偏于最优金融结构的。

世界银行根据人均国内生产总值对经济体做出划分，人均 GDP 低于 1 045 美元的是低收入国家，在 1 045 美元到 4 125 美元的国家属于中下等收入国家，4 126 美元到 12 746 美元的是中上等收入国家，而超过 12 746 美元的国家是高收入国家。对应本书得到的门槛值(图 7-2—图 7-4)，再换算成美元表示的人均收入,分别约为 1 100 美元、2 400 美元和 5 500 美元,这三个门槛值正好落在低收入、中下等收入和中上等收入这三个区间。

表 7-5 模型参数估计结果

变量	系数估计值	t 值
$gdzc$	0.347 0***	41.10
jy	0.077 6***	9.18
$wage$	0.161 2***	13.80
$labor$	0.111 5***	10.42
$zjrz\_1(pgdp<8.882)$	0.015 4***	3.85
$zjrz\_2(8.882\leqslant pgdp\leqslant 9.606)$	0.023 1***	5.84
$zjrz\_3(9.606\leqslant pgdp\leqslant 10.412)$	0.027 1***	6.89
$zjrz\_4(pgdp>10.412)$	0.031 1***	7.93
$cons$	1.262 0***	12.18

直接融资的重要性随着人均收入水平的提升而凸显,并且对经济体不断迈向更高发展水平有关键作用。截止到 2017 年,中国人均 GDP 为 8 800 美元,处于迈向高等收入的关键时期。能否顺利跨越中上等收入区间,迈入高等收入国家之列,取决于中国是否能维持稳中向好的发展趋势。金融发展与经济潜在增长率之间的关系归根结底落在服务于实体经济上。最优金融结构必然是与实体经济发展动态匹配来影响经济体的潜在增长率的。当前,中国还处于最优金融结构的左边,间接融资是中国的主要融资渠道,直接融资虽然发展较快,但无论是规模还是质量上还有广阔的提升空间。向高收入国家迈进必然要求一国经济向国际产业链上端攀升,在不断接近国际技术前沿的过程中企业所面临的风险更加复杂,自然需要更优良的金融体系来支撑。本部分研究从市级层面数据证明了中国经济的经济潜在增长率与金融结构息息相关,论证了进一步发展直接融资市场的必要性。未来的经济发展要求金融体系能够提供与实体经济发展动态匹配的最优金融结构,这是形成符合比较优势的产业结构的

必然要求,更是提升中国经济未来发展动力的关键所在。

四、稳健性检验

为了进一步增强市级层面所得结论的稳健性,此处继续用省级数据重复上述研究过程,以作为稳健性检验。

(一)模型设计

依然采用 Hansen(1999)的面板门限模型展开实证分析。单门限面板门限模型对应的基本方程如下:

$$Y_{i,t} = \alpha_{i,t} + \beta_1 X_{i,t} I(q_{i,t} \leqslant \gamma) + \beta_1 X_{i,t} I(q_{i,t} > \gamma) + \varepsilon_{i,t} \tag{7.21}$$

下标 i 表示个体,t 表示时间。$Y_{i,t}$ 是被解释变量,$q_{i,t}$ 是门限变量,$X_{i,t}$ 是解释变量,也就是随着门限值不同而不同的变量。$I(\cdot)$ 是示性函数,当括号中不等式成立时取 1,否则取 0。

该处分析思路与上文一致,门限模型具体表达形式如下:

$$\begin{aligned}Y_{it} = &\alpha_i + \beta_1 zjrz_{i,t-1} I(perGDP_{i,t-1} \leqslant \gamma) + \\ &\beta_2 zjrz_{i,t-1} I(perGDP_{i,t-1} > \gamma) + control_{i,t-1} + \varepsilon_i\end{aligned} \tag{7.22}$$

其中,Y_{it} 是经济潜在增长率,$zjrz_{i,t}$ 是直接融资规模,$perGDP_{it}$ 是人均 GDP,$\alpha_{i,t}$ 是常数项,β 是变量系数,$control_{i,t}$ 是控制变量,$\varepsilon_{i,t}$ 是误差项。为控制内生性,解释变量比被解释变量滞后一期。

(二)变量说明

1. 被解释变量

用各地区经济潜在增长率作被解释变量,数据是使用 HP 滤波法(为了更好地捕捉数据的变动趋势,平滑参数选 100)得到2000—2017年中国除港、澳、台以外的31个省区的经济潜在增长率。原始数据来自各地区经济统计年鉴。

2. 关键变量

直接融资规模($zjrz$)和人均GDP($perGDP$)。其中省区直接融资规模的计算方法是省区股票融资与企业债规模之和占非金融企业融资规模比重。样本期是1999—2016年。人均GDP数据来源于EPS数据库,直接融资规模相关数据来自万得数据库。

3. 其他控制变量

资本存量($zbcl$)、R&D内部支出($rdnbzc$)、信贷结构($dcxdbl$)、教育水平(jy)。信贷结构是用地区短期信贷规模除以长期信贷规模得到的。变量的样本期是1999—2016年。省级层面原始数据来源于万得数据库和EPS数据库。

(三)模型估计与检验

表7-6和表7-7报告了式7.23的门槛效果显著性检验结果和门槛值估计结果。根据表7-6所示,单一门槛、双重门槛和三重门槛都十分显著,因此下文将基于三重门槛模型进行分析。门槛参数的估计值和置信区间见表7-7所示,为了更清晰理解门槛值的估计和置信区间的构建,下文给出了似然比函数图(图7-5—图7-7)。

表7-6 门槛效果检验

模型	F值	P值	临界值		
			1%	5%	10%
单一门槛	61.256***	0.000	35.752	18.844	14.385
双重门槛	21.447***	0.003	17.641	11.791	9.427
三重门槛	21.703***	0.007	20.399	14.449	8.886

- 注:表格内报告了门槛效应检验(bootstrap自抽样300次)对应F统计量和临界值,* 表示在10%显著性水平下显著,** 表示在5%水平下显著,*** 表示在1%水平下显著。

表 7-7　门槛值估计结果

	门槛估计值	95%置信区间
门槛值一	10.535	[10.449, 10.672]
门槛值二	11.030	[10.535, 11.353]
门槛值三	11.312	[10.972, 11.200]

似然比统计量是实线,95%置信度下的似然比统计量临界值是黑色虚线,而门槛值落入相应的置信区间内,因而门槛估计值就是实际门槛值,实线与横轴相交的点就是门槛值。第一个门槛值10.535,第二个门槛值在11.030附近,第三个门槛值在11.312附近。当门槛变量达到10.535、11.030、11.312时,直接融资对经济潜在增长率的影响出现拐点。

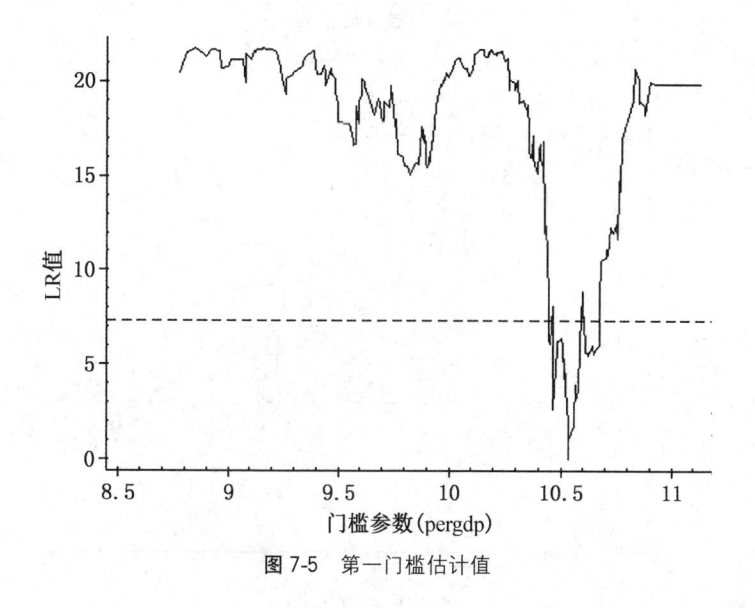

图 7-5　第一门槛估计值

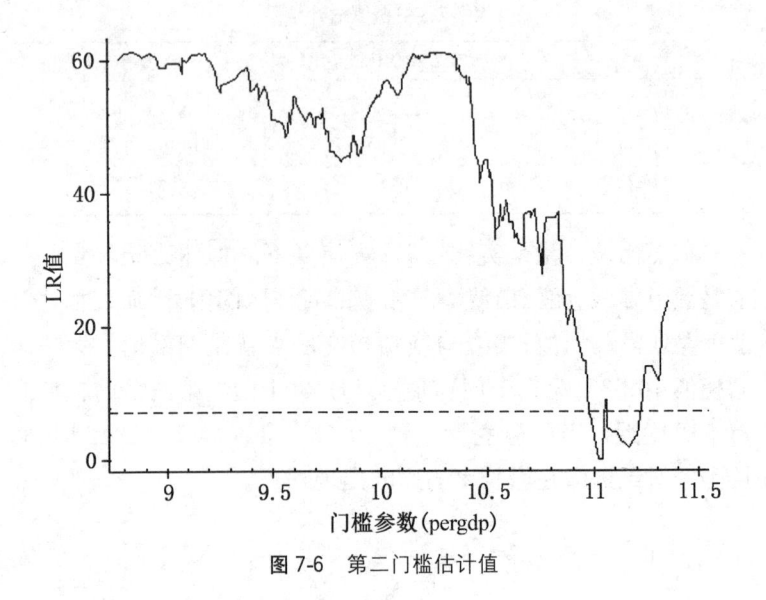

图 7-6　第二门槛估计值

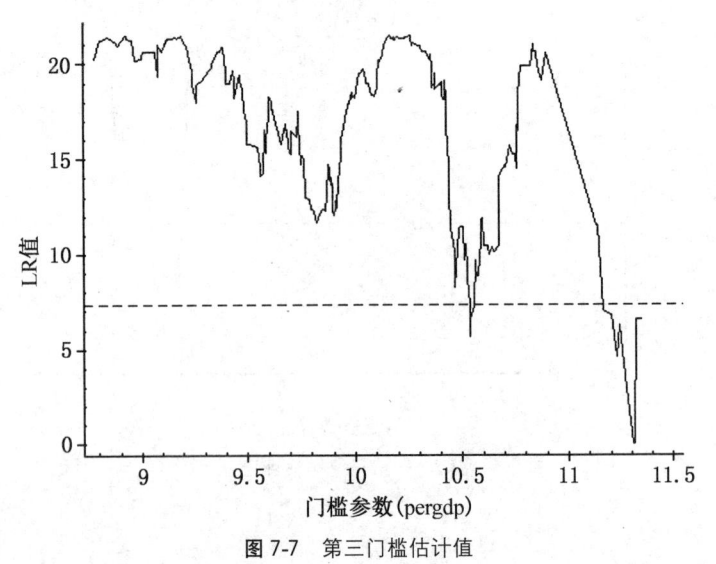

图 7-7　第三门槛估计值

(四) 实证结果分析

表 7-8 给出了省级数据的门限回归模型估计结果。从该表中可见控制变量的符号符合预期,除了信贷期限结构系数为负,其余控制变量系数都为正,各变量的经济意义在上文中已经解释,此处不再赘述。重点考察解释变量直接融资规模,发现随着门槛值人均 GDP 的上升,直接融资规模对经济潜在增长率的提升作用越来越强。直接融资规模随着人均收入水平的上升,对经济潜在增长率的作用呈现加速上升趋势,可见直接融资规模扩大更有利于经济增长,因而可以推测出中国实际金融结构是左偏于最优金融结构的,与市级数据得到的结论一致,该结论是稳健的。

表 7-8 模型参数估计结果

变量	系数估计值	t 值
$zbcl$	0.232 5***	13.76
$rdnbzc$	0.289 2***	19.95
$dqcqxdbl$	−0.085 5***	−4.48
jy	0.088 6***	4.32
$zjrz\_1(pgdp<10.535)$	0.016 0***	3.85
$zjrz\_2(10.535\leqslant pgdp\leqslant11.030)$	0.032 0***	6.17
$zjrz\_3(11.030<pgdp\leqslant11.312)$	0.055 3***	8.57
$zjrz\_4(pgdp>11.312)$	0.087 0***	10.38

可见发挥资本市场提升经济潜在增长率的积极作用,是建立在不断提高居民人均收入水平的基础之上的。本部分研究表明只有当人均收入水平不断提高,资本积累不断增加时,资本市场才具备坚实的发展基础。未来的经济发展要求更高质量的资本市场,这与产业升级、技术创新的内在要求是一致的。

第四节 结论及政策含义

经济潜在增长率的提升就是拓展生产可能性边界,不仅是总量的提高,也是经济结构的深刻转变过程。金融发展就是金融结构的变化,金融结构与一国产业结构密切联系,是一国经济结构在资本和信用上的体现。中观层面金融资源配置机制是通过金融结构影响产业结构起作用的,因此通过金融发展提升经济潜在增长率必须要着眼于金融结构,构建符合未来产业结构演进方向的现代化金融体系。

本章根据 166 个设区市和 31 个省区两个层面数据的分析可以得到如下结论。第一,中国金融结构与经济潜在增长率之间存在非线性关系,最优金融结构是通过与产业结构相匹配来共同作用于实体经济发展的,最优金融结构理论适用于中国。第二,当前中国实际金融结构是左偏于最优金融结构的,资本市场还有广阔发展空间。第三,高质量的居民生活水平是发展资本市场的保证,提升直接融资比重、发展金融市场是提升中国经济潜在增长率的必然要求。无论是市级数据,还是省级数据都一致得到以上三点结论。金融发展对经济增长的促进作用一般是存在门槛的,越过这一门槛的刺激经济发展效果往往以增加经济波动性为代价。学界对于金融发展对经济增长的效应是否永久还未有一致判断,但是资本市场的规模绝对不是越大越好,必须以金融体系稳定为前提。本章实证结果未显示出随着人均收入水平的提升,资本市场对经济潜在增长率的拉动作用有先升后降的趋势,反而发现中国资本市场发展随着人均收入水平提高对经济潜在增长率的拉动作用也不断提升,该结论的合理解释是,中国现实金融结构是极度左偏于最优金融结构的,即中国直接融资市场还有很广阔的发展空间,离资本市场拉动经济发展的拐点还较远。

基于上述结论可对新常态下金融结构优化提升中国经济潜在增长率提出以下政策建议:一是重视最优金融结构的动态发展。最优金融结构是根据实体经济发展而动态演变,应持续关注实际金融结构对最优金融结构动态偏离程度。二是重视金融结构与产业结构的匹配性,培育有深度、有广度的资本市场以满足中国未来向国际技术前沿跃进的目标。未来资本市场的发展应该立足于支撑国内产业升级、向国际产业链前端攀升;通过金融结构优化促进产业结构优化进而加速中国未来新的比较优势的形成。三是构建多层次资本市场,优化融资结构,建立长期资本供给机制。中国现在处于产业结构调整优化的关键阶段,国内技术水平逐渐逼近国际技术前沿,技术创新也将成为提升未来经济发展的主要动力,这一过程要求更专业更有深度的资本市场。

第八章
金融发展提升中国经济潜在增长率的政策研究

促进金融发展提升中国经济潜在增长率的关键是要保证高效的金融资源配置机制。一方面提高金融部门运行效率,另一方面引导金融资本支持技术创新。其本质是通过金融发展加速新的比较优势的形成,提升中国经济供给面的竞争优势。金融稳定发展是经济可持续增长的基础,金融结构必须主动适应产业结构的升级方向,同时要推进现代化制度建设、不断提高社会公平程度来为金融发展提升经济潜在增长率提供有利条件。

第一节 完善包含金融稳定目标的宏观经济政策管理框架

一、构建平稳健康发展的房地产市场

(一) 针对不同层次的房地产市场制定不同的税收和信贷政策

房屋不仅是消费品,也是投资品,它有经济属性和社会属性。税收制度和信贷政策是准确定位房屋属性的利器。健康的房地产市场分为住房投资市场、住房消费市场和保障性住房市场,其分布结构是以住房消费市场为主体,小部分是为低收入人

群提供的保障性住房，并有一定空间给住房投资市场。对于住房投资市场应该采取高税收、紧信贷的原则；对于消费类住房市场来说，此时的房屋是用来住的，对应的税收和信贷政策制定原则应该是限制房屋交易获利，比如对改善性住房交易溢价征税，以保证房屋的居住性质；保障性住房则由政府财政出资建设，用于保证极端弱势群体的基本居住权利。值得注意的是，中国土地所有权归国家，普通房产只有70年使用权，许多情况非常特殊，因而关于房产税的制定要从中国具体情况出发，切忌盲目照搬。

（二）金融端调控房价要因地制宜

房价调控政策有需求端政策、供给端政策和金融端政策。需求端政策是限贷、限购、限售、限价等短期调控手段；供给端政策是土地供给、限售等手段；金融端政策则是首付比限制、信贷投放指导、基准利率调整等手段。

房价与信贷之间有互相强化机制，能加剧金融经济周期波动性。信贷规模和信贷波动都会影响房地产市场，且两者之间的关系随着信贷波动幅度的变化也呈非线性变化。因此房地产管理政策需要因地制宜，根据各地区信贷环境的不同来制定相应的房地产调控政策。

房地产首付比是重要的约束，一方面管住了银行对房地产市场的风险敞口，另一方面也能控制房地产市场膨胀。但是过度频繁调整该比例会削弱这一自动稳定器的功能。一般而言监管部门对首付比的调控是逆周期的，但是这个逆周期到底是逆经济周期还是逆金融周期是十分复杂的，尤其是当面临经济周期和金融周期错位时，该比率的调控就更难抉择。因此首付比不应该成为频繁使用的工具。许多地方政府调节该指标时，只考虑经济周期却忽略金融周期，缺乏前瞻性，使得效果与初衷相反。

二、将金融稳定目标纳入货币政策框架

（一）金融因素调整的产出缺口可作为货币政策的参考依据

本书构建了能够包含金融因素的经济潜在增长率测度模型，借助该模型估算结果可以使货币政策框架包含金融稳定因素，充分捕捉金融周期内生的不稳定风险，可以被视作将金融稳定纳入货币政策框架的捷径。根据之前的分析，在金融繁荣期，包含金融因素的潜在产出水平倾向于低于普通 HP 滤波法下的潜在产出水平。而在金融萧条时期，包含金融因素的潜在产出水平倾向于高于普通 HP 滤波法下的潜在产出水平。在金融繁荣时期金融因素调整的产出缺口要比普通 HP 滤波法得到的产出缺口大；而在金融萧条时期，金融因素调整的产出缺口比普通 HP 滤波法得到的产出缺口小。因此如果采用金融因素调整的产出缺口作为货币政策的考量依据，在金融繁荣时期，利率上升幅度要比参考普通 HP 滤波法产出缺口时更大，货币政策应该更紧。

（二）协调货币政策与宏观审慎政策之间的关系

金融周期和经济周期长度不同，深度也不同，金融周期比经济周期更难以把控，因此在政策操作时，往往会优先考虑经济增长、物价稳定的经济目标，而无法兼顾长期内更重要的金融稳定。在 2008 年金融危机以前，货币政策和监管政策是完全分离的，货币政策目标是维护物价和经济增长稳定，而维护金融稳定则是监管部门责任。在这次危机之后，分离原则遭到挑战，在货币政策框架中融入金融稳定目标逐渐成为共识，宏观审慎政策应该是应对金融系统风险的主要首选工具，而货币政策是第二

道防线,当宏观审慎政策无法发挥作用时,需要货币政策(如利率工具)支持。

央行必须具备准确衡量金融稳定程度的能力,并对不同金融风险构建完整的应对方案。这对于央行来说是新的挑战,因为金融周期和经济周期往往相互影响,当两者运行周期趋同时,政策目标比较清晰,但是若金融周期与经济周期相悖,就需要央行在短期经济增长和长期金融稳定之间做出取舍。

三、强化财政政策的逆周期调控功能

(一)探索包含金融因素的财政政策参考指标

包含金融因素的经济潜在增长率测度模型是可选途径之一。如果将该模型得到的产出缺口作为财政政策参考依据,就会发现在2008年金融危机后潜在产出水平并不像当时看起来那样低。按包含金融因素后的经济潜在增长率结果来进行政策调控,相应的调控幅度应该更小。财政政策的调控目的应该有远瞻性,不仅实现经济短期稳定增长目标,更要关注经济的长期可持续性发展目标,在调控方向和调控力度上多从开发经济未来增长动能层面上出发。

当经济从低谷中有所回升时,积极的财政政策则应该逐渐退出或转为中性,因为长期的扩张性财政政策会过度挤出私人部门的投资,拉低社会资本效率。财政政策作为经济的调控手段应该与经济的波动周期相匹配,无论是进入时间还是调控幅度都需要建立在对经济周期的准确认知基础之上。如果财政政策和经济周期之间是错位的,这些微小的偏差会逐渐累积,不断压缩逆周期调控的作用范围,长此以往则会影响未来经济增长趋势。

(二)增强中央财政自动稳定器功能

明晰现有财税制度的不足,继续坚定不移地推进财税制度改革。改革重点应落在增强财政政策自动稳定器功能上,降低金融经济周期的顺周期波动性。从顶层制度设计角度来推进财税制度深化改革,实行全口径预算管理(公共财政预算、政府性基金预算、国有资本经营预算和社会保险基金预算),完善预算编制和执行管理制度,实施规范透明的预算制度,逐步建立起政府财务报告制度,推进增值税改革、简化税率,调节消费税征收范围、环节和税率。合理界定中央和地方的财权事权关系,探索财政支出与地区生产总值关系。建立周期性平衡的预算管理制度和跨年度的预算稳定调节基金制度以实现中长期预算平衡,降低相机抉择的财政政策的不对称性。

(三)规范地方土地财政以降低地方财政顺周期性

首先需要深化财税体制改革,改变中央与地方财权事权错配导致地方政府财政支出缺口大困境,降低地方政府财政收入对土地出让金的依赖,加快形成以消费税、房产税、资源税为主的地方政府收入体系。尽快出台房产税制度,并且与一次性批租70年土地使用权的出让金制度平稳衔接过渡。将地方政府从短期的土地增值收益中解脱出来,削弱地方政府维护房地产泡沫的动机。

其次重视政府债券这一重要的逆周期性质的财政工具。政府债务对应着非政府部门资产,政府债券是逆周期调节的良好工具。在经济繁荣时期,市场风险偏好高,此时财政支出规模应该收缩,对应政府债券供应减少;而此时利率上升,国债价格下跌,对私人部门带来负财富效应。经济低迷期,市场风险偏好低,此时财政支出增加,对应政府债券供应增加;此时利率下降,国债价格上升,对私人部门带来正财富效应。债券市场和股票市场的走向在很多时候是相反的,因而政府债券可以起到稳定金融周期的逆周期调控目的。应该依托健全的法律法规、信息披露体制来探索合适的地方政府融资方式,朝地方政府投融资渠道多元化方向发展。

第二节　持续推进金融结构优化,助力金融业服务实体经济

一、构建多层次资本市场和长期资本供给机制

（一）构建多层次资本市场,提高直接融资比重

当前中国资本市场法治建设滞后,资本市场结构与企业构成不匹配,服务实体经济功能不强。要保证不同层次股票市场充分发挥各自职责,针对股票市场不同板块设立不同的交易规则,有针对性差异化各个板块的上市、信息披露、交易和退市规则。推行股票注册制,形成股票一级市场和二级市场的独立市场,强化股票发行制度的信息披露机制和相关机构责任,引导股市资金支持实体经济。

发展专门服务于中小微企业的新三板、区域性股权交易市场等场外市场。目前新三板市场流动性不高,一级市场挂牌企业虽多,可二级市场交易量低。区域性股权市场被人为按行政区划分,市场竞争无序,造成资源浪费。可见新三板市场需要更完善的信息披露、发行交易及监管制度。缺失或者不明晰的法律制度是导致这部分资本市场结构问题的根本原因,应明确区域股权交易的合法性,将该市场定位成服务于中小企业的融资平台,并建立全国统一的监管标准和挂牌、交易、信息披露标准,防止区域间无序竞争。

建立多层次债券市场。债券市场是实现市场经济内源性融资需求的重要场所,相对于中国目前的经济发展水平来说有所

滞后。首先需要完善公司债券发行,拓展企业融资渠道和居民投资渠道,其关键是完善公司债发行的法律制度,拓展公司债券销售平台。其次,鼓励有条件的金融机构发行普通债券、衍生债券和次级债券,增强商业银行主动负债调节资产负债比,提高流动性的能力。再则,适当调整国债发行结构,增加短期债券规模,增加宏观调控政策工具数量。此外,引导基金市场、期货市场健康发展,规范私募股权融资等场外交易市场,有序扩大资本对外开放。满足产业转型升级、企业运营多样化对资本市场的要求。

（二）构建长效资本供给机制服务于房地产、基础设施和公共服务领域

目前中国融资期限错配现象不容忽视,过去20多年的大规模投资并不遵循期限匹配原则。大量以短期资金支持长期投资的现象,随着经济增速的放缓,期限错配引起的风险逐渐暴露。

金融市场提供的长期融资主要有权益融资、债券融资和长期贷款。中国公司债和权益融资市场近些年才获得一定发展,导致中国企业的外部长期融资主要依靠银行信贷。这种以信贷为主的结构限制了长期融资的规模。在满足长期融资需求方面,债券和权益等直接融资工具的优势要大于信贷融资。中国企业普遍存在的期限错配现象是资金供需双方对不稳定金融环境做出的反应。

企业层面的期限匹配与金融市场上长期资金的供给直接相关,长期资金的供给依赖多层次的金融市场结构。在多层次的金融市场下,企业能够根据自身需求选择不同种类和期限的资金,合理安排资产和融资期限,实现期限匹配。长期资金供给需要稳定的外部环境,使金融市场和企业能建立稳定的预期,从而使双方的交易长期化。外部环境很重要的一个方面是中央银行

货币政策的稳定性。当货币政策规则不明确时,金融市场出于不确定性而倾向提供短期资金,企业的筹资行为也会短期化。

二、提升银行体系综合经营能力和服务实体经济能力

(一)银行提高经营风险能力,完善内部风控机制

在宏观审慎监管严格的大环境下,银行需要完善内部风控体系,强化逆周期风控能力。商业银行风险包含信用风险、市场风险和操作风险。资本充足率监管是最核心的监管原则,主要针对信用风险,严格的资本充足率监管会导致银行放贷时更为谨慎,提高资产质量。市场风险是指由于资产价格变动引起的交易风险。这要求银行具备识别、监测和控制市场风险的卓越能力。在经济增速放缓时期,商业银行尤其要注重从宏观层面和中观层面研究重点领域的发展趋势,并且能够从周期视角进行逆周期风险管理。在经济繁荣时期,银行要前瞻性地进行跨周期风险评估,模拟经济下滑时期的压力测试,主动建立资本缓冲储备。针对操作风险,银行需要建立良好的风险控制考核、激励机制。商业银行需要重视员工的道德风险教育,将员工自身利益最大化和银行利益最大化结合起来。

(二)商业银行要转变盈利模式

目前中国商业银行的主要收入来源是存贷差,是利差主导型盈利模式。中间业务、零售银行业务、私人银行业务等非利差盈利占比低。利率市场化改革倒逼中国商业银行转变盈利模式。银行在重视传统利差收入的基础上,要努力发展中间业务,利用先进信息技术对客户进行细分,以客户为中心来提供差异化、个性化服务,并且要提高经营管理效率,降低经营管理成本。

(三)商业银行要提高业务创新能力和服务水平

商业银行要深入研究实体经济对银行的需求,找准服务实

体经济的关键领域,提升融资供求结构匹配性。创新驱动是中国未来经济增长的动力,而大部分的创新都是自下而上的。中小微企业是创新企业中不可忽视的力量,它们缺乏大规模抵押资产,且审批手续更复杂,面临融资难、融资贵的困境。银行放贷需要考虑中小企业的融资困境并不是新鲜话题,但是该困境并未解决,原因在于银行出于安全经营的角度,无法承担创新研发过程中的风险。但现状是许多中小企业良莠不齐,很难发现有卓越创新能力的企业,这自然让信贷望而却步。商业银行应主动掌握未来产业的发展趋势,关注突发性技术革命催生的新产业和渐进式技术进步引致的行业细分,研究客户具体需求,有针对性地提供服务。其实银行掌握了大量客户信息,凭借信息技术可以对现有数据进行细致分析,沿着产业链、供应链对客户进行细分,才能有针对性地研发金融创新产品。

（四）推动供应链金融与创新领域融合以提升金融服务于实体经济效率

传统的供应链金融适用于有核心企业且上下游企业规模小、低成本高杠杆的产业链,但是如果核心企业十分强势,不愿意提供上下游企业白名单,这种模式就难以继续。随着优质的核心企业资源被银行开发殆尽,经济大环境又比较低迷时,供应链金融模式便会无用武之地。近年来受益于物联网、大数据等技术,供应链金融模式也在不断创新,电商供应链金融就是典型代表,如果供应链金融能与研发创新结合,将开辟金融服务实体经济的新途径。科技链金融是促进科技和金融密切结合的重要途径,能切实提高金融服务实体经济效率,关键是可以提升科技成果转化效率,促进创新型企业发展,助力创新驱动发展,提升中长期经济潜在增长率。

新的思想和技术从研发到产业化需要经过完整的科技创新

生命周期,不同的阶段面临的风险不同,资本链在不同的阶段所表现出的形态也不同。创新活动的基础研究一般是由科研机构和高校完成的,此时还处于种子期,资金来源一般是自由资金或天使投资;当进入应用研究阶段,初始研发创新时期,政府或准政府扶持资金会陆续到位,推动创新周期进入成长期,此时企业会逐渐参与进来,融资方式也会增加,一般是债券融资如银行贷款、商业信用等。一旦步入创新周期的扩张期,创新成果逐步商品化,股权融资入场,PE、VC、基金等资金会进入以创新产品产业化生产推动该科技产品产业化生产,随着企业规模扩大、盈利能力增强,企业的融资渠道更加多元化,甚至可以上市融资。在推动资本链、产业链、创新链三者结合的过程中,金融机构要有针对性地设计金融产品来满足处于不同的技术创新周期阶段的企业需求,这种适应性反馈也将推动金融业发展。

(五)发展普惠金融组织体系

目前中国金融体系除了商业银行、资本市场,还有相当规模的影子银行体系。许多无法从正规金融机构得到服务的中小企业、低收入群体和偏远地区居民只能从非正规信贷渠道得到扩大再生产的资金。这部分群体自身营业能力低,但是承担着过高的信贷成本压力,并不利于生产活动的长远可持续发展。金融发展促进经济增长的成果并没有均衡分配到各个领域,影响未来经济增长趋势和社会稳定。发展普惠金融正是基于此被提出,但是这并不意味着简单面向低收入群体的公益活动,也不能完全等同于商业金融,而要探寻银行履行社会责任和实现商业可持续间的平衡点。在有效的风控管理体系下,银行体系应该利用先进信息技术降低交易成本、拓展客户服务边界、创新金融产品来满足不同层次的群体对资金的需求。央行则应该加快建立农村信用体系和中小企业信用体系,加强金融知识宣传普及,提高消费者的金融素养和识别风险能力。

三、保持金融发展与区域产业结构演进的协调性

(一)金融发展支持产业结构优化的突破点是支持技术创新

1. 金融业要善于识别并有效支持有发展潜力的技术创新活动

创新是一项高风险活动,并非所有的创新都符合经济发展趋势,也并非所有的创新活动都能成功。但是许多影响经济发展趋势的技术在研发初期是难以辨识的,这需要金融机构的投资部门具备专业的投资眼光、敏锐的经济直觉以及丰富的想象力。支持技术研发要求符合经济需求的金融创新,也就是说金融产品的创新要符合产业优化升级时技术发展的特定需求。

2. 金融发展要满足产业结构优化的融资需求

近几十年中国经济发展主要依靠资本投入,随着中国经济发展进入新常态,改变以往粗放型经济增长方式,培育技术创新能力是开发经济增长核心动力的必然途径。经济增长的源泉要从依靠资本要素驱动转为技术创新驱动。技术创新需要研发(R&D)推动,R&D需要大量长期的资金投入。外部融资是企业从事R&D活动的资金来源,而外部融资的可得性与金融发展水平相关。

3. 根据产业结构升级优化过程中的特定风险制定风险管理体制

当产业结构以低风险产业为主时,银行导向型的金融结构更有利于产业增长;当产业结构以高风险产业为主时,市场导向型的金融结构是更优选择。新技术的研发过程十分漫长,研发初期、中期,到技术落地不同阶段所面临的风险是不同的,相应的金融支持也应该有不同的风险管理机制。

（二）通过金融空间资源配置机制促进区域经济平衡发展

1. 区域产业结构与区域金融结构匹配

中国地域辽阔，处于不同发展阶段的各地区之间资源禀赋不同，因而其最优产业结构和金融结构也不尽相同。不同行业、不同发展阶段的产业所需要的金融服务是不同的。当某地区产业结构风险相对较低时，银行主导型金融结构更适合；当该地区产业结构所面临的风险较高时，市场导向型的金融结构更适合。目前中部地区以及西部地区的发展是最滞后的。现如今产业结构与金融深化在地区上发展不均衡致使产业结构升级和金融深化的交互作用对技术创新的影响在空间上呈现出异质性和竞争效应，所以在调整经济结构和加快金融深化时，政府应该多引导西部和中部地区，使这些地区的发展速度提升上去，从而提升整个区域的发展速度。政府需加快金融体系的深化程度，尤其是西部地区，同时利用金融深化和区域创新本身的溢出效应和扩散效应，积极引导，使创新能力高的地区产生的溢出效应最大程度地影响周边地区，从而达到提升整个国家的创新能力的目的。

2. 优化金融业空间布局，引导产业空间均衡布局，重视金融层级与地域产业圈层匹配

第一，发展信息产业，为金融业空间布局优化提供基础。世界上几大金融中心的发展轨迹表明，金融中心是金融集聚的产物，但是大城市的中心商务区空间有限，且交通拥堵、地价房价高企，它无法承载各种形态的金融机构和金融业务。因此许多国际金融中心发展到一定阶段，都会发生金融扩散，一方面是为了降低经营成本，另一方面也是为了获得更大的发展空间。但是这一切发生的前提是 IT 行业的蓬勃发展并不断向金融行业渗透。信息技术加速了金融业务的流程再造和前后台业务分

离,也为金融后台运作系统的集中和转移提供了技术支持,为金融机构的地理扩散和合理布局创造了条件。因此优化金融业空间布局必然需要加快信息行业的发展。目前中国国内金融中心的发展也面临着空间布局合理化的需求,金融前后台业务也有了分离趋势,那些具备高素质金融从业人员,运营成本低,信息产业发达的地区就具备了承接大型金融机构后台服务的天然优势。

第二,在加快现有金融中心高端化步伐的基础上发展多层次的全国金融体系。中国金融体系的建设,应在加快现有金融中心高端化步伐的基础上,同时发展多层次的金融体系以促进金融的区际差异化发展。从金融异质性角度看,在人才吸引上,应加强对金融从业者的培训和资质认证,通过引进高素质、国际领先的金融人才,努力吸引各种知识背景的金融从业者,实现金融人才的高端化和异质化。对于金融欠发达地区,要从提高从业人员教育素质和加强这些地区信息通信技术发展入手。尝试拓展教育金融产品创新,打破传统教育模式和观念,加速知识溢出和技术扩散对落后地区的带动辐射作用,在较短的时间内解决教育资源的严重缺口问题,提升西部地区整体人力资本质量。加强金融信息公开,使得金融服务能够有效覆盖中西部地区;借助新兴信息通信技术,使金融服务能够有效地辐射金融市场发展相对落后的中西部地区。在金融领域,实行有区际差异的金融政策倾斜,积极发挥政策性银行的作用,促进中西部地区非银行金融机构的发展。

第三,引导金融机构适度扩散、科学布局。科学严谨的空间规划布局在某种程度上对金融功能区建设的成功起着决定作用。金融中心城市是推进中国金融业改革的重要载体,建设金融中心要把握一个核心,就是金融中心的建设要与实体经济发展的需要相适应。因此,在金融中心建设的过程中,一定要处理好它与实体经济发展的关系,牢牢把握金融中心建设要服务于实体经济发展的原则。构建层次分明、功能齐备、结构合理、互为支撑的金融功能空间格局。

在建立金融中心时,改变以往突出强调金融中心集聚效应的观念,引导金融机构适度扩散和科学布局。要把建设金融后台服务产业园区作为金融中心建设的重要组成部分。边缘城市应该主动承接金融核心区的后台业务转移,形成核心业务集聚与非核心业务分散的多区域格局。

第四,建设满足中国产业向国际产业链高端攀升需求的金融服务体系。根据都市发展论,金融中心是城市发展的最高阶段,因而如果区域金融集聚程度不断上升,那么这个区域在地域圈层中位置必然提高。也就是说金融发展要稍稍领先于实体经济发展。要保证国际产业分工的分配环节与国际金融制度安排匹配,国内产业分工分配与国内金融体系安排相匹配。国际产业分工体系变化的背后都是技术竞争力的重新洗牌。现阶段,中国技术水平与国际技术前沿差距不断缩小,未来的创新驱动经济增长方式必然要求中国优秀企业走出国门,深度参与国际竞争。因此中国金融体系应该提供优质的国际化服务,帮助中国企业参与复杂的国际竞争。这就要求中国不仅在国内要建立成层次分明、功能齐备、结构合理、互为支撑的金融空间体系,还要求中国国内金融中心也是有竞争力的国际金融中心。

第三节 重视金融发展提升经济潜在增长率的决定因素

要使金融发展更好地提升未来经济增长趋势,还必须重视影响金融发展提升经济潜在增长率的决定因素,并积极创造相应的前提条件。首先促进金融发展提升潜在经济增长率依赖于良好的制度环境,其次促进金融发展提升潜在经济增长率需要开放竞争的外部环境,最后要保证充足的人力资本供给来支持金融发展和经济增长。

一、推进现代化制度建设支持金融发展提升经济潜在增长率

良好的制度环境是一国金融发展和经济增长的基础,更是促进金融发展提升经济潜在增长率的重要前提条件。要建立起有效的个人财产保护制度,保护投资者权益,提高社会的信用水平,以促进资本市场发展。推动以降低交易成本,提高金融系统运行效率为目的的法律建设。良好的法律制度可以规范市场行为,约束政府权力,保护投资者必要权益,有助于控制道德风险和逆向选择,提高金融资源配置效率,从而更有利于经济的长期发展。要加快反腐败法的进程,坚定不移地推进反腐败。首先要提高社会制度的透明度,执行各级政府问责制,降低社会整体腐败程度。其次金融系统内部反腐要聚焦于信贷领域,推进信贷决策过程的民主化、规范化和透明化。提高社会公平程度,保证收入分配公平。让社会财富均匀地分配到分散投资者的手中,充分发挥金融市场的价格发现、风险分散功能,提高金融市场的稳定性。

二、在开放环境下促进金融发展提升经济潜在增长率

坚持对外开放,主动参与国际竞争是金融发展提升经济潜在增长率的重要前提。开放的环境有利于一国金融业快速发展,加速新的比较优势形成,提升中国经济供给面的竞争优势。

中国金融机构应该主动参与国际竞争,帮助国内产业不断向国际产业链前端攀升。开放的环境也有助于实体经济主动加入国际竞争。实体经济部门应该主动进行技术创新,使中国技术创新能力不断逼近国际技术前沿。开放的环境有助于实体经济与金融发展之间形成良性的互动反馈机制,可以同时促进两者的发展。在开放的环境下,不断发展的实体经济也会对金融系统提出新的要求,而在需求效应的引致作用下,金融部门也会更快发展以满足实体经济的需求。

三、实现金融发展提升经济潜在增长率需要充足的人力资本供给

人力资本包含人力资本数量和人力资本质量这两个层面,无论是金融业的发展还是实体经济增长都离不开人力资本。金融业是知识资本密集型行业,需要大量的专业人才。实体经济的发展更是离不开劳动力这一重要的生产要素。人力资本数量增加可以同时保证金融部门和实体经济部门的劳动力需求,人力资本质量的提升可以通过推动金融部门和实体经济部门的创新,从而加速金融行业和实体经济的发展。目前中国人口增速放缓,未来劳动力供给趋紧,这会同时制约金融业和实体经济的发展,相关的增加人力资本存量、提升人力资本质量的政策应该加速落实。

第九章
结 论

　　本书将金融发展作为经济潜在增长率的核心推动力,通过构建数理模型刻画金融发展影响经济潜在增长率的作用机制。基于包含家庭部门、厂商部门、金融部门、技术研发部门和教育部门的五部门经济增长模型,发现金融发展通过提高金融部门生产效率和支持研发部门技术创新这两个渠道影响着经济潜在增长率。研究表明金融发展的确能提升经济潜在增长率。金融部门生产效率和金融支持技术研发这两个渠道都强调了金融系统的资本配置功能,可见金融发展影响经济潜在增长率的核心是高效的金融资源配置机制。当金融资源流向高生产效率领域时,经济潜在增长率趋于上升,当金融资源流向低生产效率领域时,经济潜在增长率趋于下降。

　　在真实经济运行中潜在产出与实际产出并不总是一致,潜在产出高于实际产出时,会出现正的产出缺口。潜在产出低于实际产出时,则会出现负的产出缺口。若将金融发展纳入经济潜在增长率测度模型,可以得到金融因素调节的产出缺口,该产出缺口的变动趋势就反映了金融资本配置效率的变动趋势。在将信贷、房价、利率、汇率以及综合金融周期因素这几个金融因素纳入经济潜在增长率测度模型后,中国金融因素调整的产出缺口的统计显著性和实时预测性能都更强了。包含金融因素的潜在产出之所以在金融繁荣期比 HP 滤波法下潜在产出更低,其背后的内涵是,此时的金融过度繁荣很可能已经引致了严重的资本错配,即大量金融资本脱离实体经济,流入了抵押品快速升值领域,在金融系统内空转,而创新性领域的资本被蚕食,于是潜在产出降低,经济增长后劲不足。反之在金融萧条期,包含金融因素的潜在产出却要高于 HP 滤波下的潜在产出,这意味着在金融下行周期,资本逐渐恢复理性,流回到了实体经济部门,资本错配现象逐渐扭转,经济潜在增长率也趋于提高。将包含金融因素的经济潜在增长率测度模型继续应用于美国、英国、日本、巴西和印度这几个国家,测度这几个国家信贷因素调整后的产出缺口,并与各国信贷变动对比分析后发现,国内金融体系相对较弱的新兴市场国家在面对金融危机时更被动,而拥有良好金融系统的发达国家在危机后都表现出更强的复苏能力,可见稳定的金融系统是支撑经济可持续发展的重要支柱。无论是将包含金融因素的经济潜在增长率模型应用于中国还是其他国家,都表现出了更好的统计显著性和实时预测性能。可见,包含金融因素的经济潜在增长率模型适合用于测度包含金融因素的经济潜在增长率。包含金融因素的经济潜在增长率也是更佳的宏观调控参考指标,有利于宏观调控层更直观地了解金融系统资源配置效率的高低,及时发现经济运行过程中潜藏的金融风险。

  以往的研究大都将金融发展与经济增长分别放在等号的两端,将包含金融因素的经济潜在增长率作为被解释变量模型,可以探寻金融发展提升经济潜在增长率的决定因素(前提条件)。本书第六章将包含金融因素的经济潜在增长率和不包含金融因素的经济潜在增长率分别作为被解释变量,选取除金融因素以外的其他影响因素作为解释变量来构建计量模型,通过对比两个模型的结果来研究促进金融发展提升经济潜在增长率的决定因素。实证结果表明以包含金融因素的经济潜在增长率作为被解释变量构建的计量模型的解释力要强于用不包含金融因素的 HP 滤波法下经济潜在增长率做被解释变量所构建的模型。通过比较分析发现物质资本、人力资本、技术等生产投入要素以及许多经济发展环境的软性要素，如制度环境、收入分配公平程度、开放程度等都影响着金融发展提升经济潜在增长率的效力。可见要保证金融资源配置机制的高效运行以提升经济潜在增长率，需要更优秀的制度设计和经济环境。

从金融结构出发挖掘金融发展与经济潜在增长率的深层次链接，关键是一国金融结构要与符合未来经济发展要求的产业结构动态匹配。金融结构对产业结构的影响是金融资源配置机制在中观层面的体现。根据 166 个设区市和 31 个省区两个层面数据的构建计量模型发现，第一，中国金融结构与经济潜在增长率之间存在非线性关系，最优金融结构是通过与产业结构相匹配来共同作用于实体经济发展的，最优金融结构理论适用于中国。第二，当前中国实际金融结构是左偏于最优金融结构的，资本市场还有广阔发展空间。第三，高质量的居民生活水平是发展资本市场的保证，提升直接融资比重、发展金融市场是提升中国经济潜在增长率的必然要求。无论是市级数据，还是省级数据都一致得到以上三点结论。关注金融结构与产业结构的匹配性，发展资本市场，其实也是引导金融资本支持技术创新。要求金融结构主动适应产业结构升级，其实是为了通过促进金融发展来加速新的比较优势形成，如此才能不断提升中国经济的核心增长动力。

促进金融发展提升经济潜在增长率的关键在于保证金融系统资源配置功能的高效运行。借助包含金融因素的经济潜在增长率能将金融稳定目标纳入宏观经济调控管理框架，有助于宏观经济调控部门及时发现金融资源错配现象,维护金融系统稳定。鼓励金融结构主动适应产业结构升级,引导金融资本支持技术创新,保证金融资源被分配到高生产效率的经济发展领域,是加速中国新旧动能转化,提升经济长期增长动力的核心所在。

参考文献

(1) Acemoglu, D., P. Aghion, and F. Zilibotti, "Distance to Frontier, Selection, and Economic Growth", *Social Science Electronic Publishing*, 4, 2006.

(2) Acemoglu, Daron, and V. Guerrieri, "Capital Deepening and Non-Balanced Economic Growth", *Journal of Political Economy*, 11(3), 2008.

(3) Aghion, P. & Howitt, P., "A Model of Growth through Creative Destruction", *Econometrica*, 60(2), 1992.

(4) Arcand, L., Berkes E. & Panizza, U.," Too Much Finance?", *Journal of Economic Growth* 20(2), 2015.

(5) Badarau, C. & Levieuge, G., "Assessing the Effects of Financial Heterogeneity in A Monetary Union a DSGE Approach", *Economic Modelling*, 28(6), 2011.

(6) Baldwin, R. E., Ottaviano, G. I. P. & Martin, P., "Global Income Divergence, Trade and Industrialization: the Geography of Growth Take-offs", *Journal of Economic Growth*, 6(1), 2001.

(7) Barro, R.J. & Martin, I., "Economic Growth", *New York*, NY: McGraw-Hill, 1995.

(8) Baxter, M. & King, R.G., "Measuring Business Cycles: Approximate Band-pass Filters for Economic Time Series", *The Review of Economics and Statistics*, 4, 1999.

(9) Beck, T., Demirgüç-Kunt, Asli, & Levine, R., "Law

and Firms' Access to Finance", *Policy Research Working Paper Series*, 3194, 2004.

(10) Bencivenga, V. & Smith, B., "Financial Intermediation and Endogenous Growth", *The Review of Economic Studies*, 58(2), 1991.

(11) Bernanke, B., Gertler, M. & Gilchrist, S., "The Financial Accelerator in A Quantitative Business Cycle Framework", *NBER Working Papers*, (3), 1998.

(12) Beveridge, S., & Nelson, C.R., "A New Approach to Decomposition of Economic Time Series into Permanent and Transitory Components with Particular Attention to Measurement of the Business Cycle", *Journal of Monetary Economics*, 7(2), 1981.

(13) Blanchard, O.J. & Quah, D., "The Dynamic Effects of Aggregate Demand and Supply Disturbances", *American Economic Review*, 79, 1989.

(14) Bodie, Z., & Merton, R.C., "A Conceptual Framework for Analyzing the Financial Environment", *Social Science Electronic Publishing*, 1995.

(15) Boot, A.W.A., & Thakor, A.V., "Banking Scope and Financial Innovation", *Review of Financial Studies*, 10(4), 1997.

(16) Borio, C., "The Financial Cycle and Macroeconomics: What have We Learnt?", *Journal of Banking and Finance*, 45, 2014.

(17) Borio, C., Disyatat, P. & Juselius, M., "A Parsimonious Approach to Incorporating Economic Information in Meas-

ures of Potential Output", *BIS Working Papers*, 2, 2014.

(18) Borio, C., Disyatat, P. & Juselius, M., "Rethinking Potential Output: Embedding Information About the Financial Cycle", *BIS Working Papers*, 3, 2013.

(19) Bossone, B., Mahajan, S. & Zahir, F., "Financial Infrastructure, Group Interests and Capital Accumulation: Theory, Evidence and Policy", *IMF Working Papers*, 03(24), 2003.

(20) Carlin, W., & Mayer, C., "Finance, Investment, and Growth", *Cepr Discussion Papers*, 69(1), 2003.

(21) Cecchetti, S. & Kharroubi, E., "Reassessing the Impact of Finance on Growth", *BIS Working Papers*, 7, 2012.

(22) Christiano, L.J., Doan, T. & Fitzgerald, T.J., "The Band-pass Filter", *International Economic Review*, 44(2), 2003.

(23) Costain, J. & Nakov, A., "Distributional Dynamics under Smoothly State-dependent Pricing", *Journal of Monetary Economics*, 58(6), 2011.

(24) Cotugno, M. et al., "Relationship Lending, Hierarchical Distance and Credit Tightening: Evidence From the Financial Crisis", *Journal of Banking & Finance*, 37(5), 2013.

(25) Crowley, P.M., "A Guide to Wavelets for Economists", *Journal of Economic Surveys*, 21(2), 2007.

(26) Driscoll, J.C. & Kraay, A.C., "Consistent Covariance Matrix Estimation with Spatially Dependent Panel Data", *Review of Economics and Statistics*, 80(4), 1998.

(27) Dutta, J. & Kapur, S., "Liquidity Preference and Financial Inter-mediation", *Review of Economic Studies*, 65(3),

1998.

(28) Feldman, M. P. & Audretsch, D. B. , "Innovation in Cities: Implications for Innovation", *European Economic Review*, 43(2), 1999.

(29) Fry, M. J. , " Models of Financially Repressed Developing Economies", *World Development*, 10(9), 1982.

(30) Fujita, M. , Krugman, P. & Venables, A. J. , "The Spatial Economy: Cities, Regions, and International Trade", *MIT Press Books*, (1), 1999.

(31) Galbis, V. , "Financial Intermediation and Economic Growth in Less-Developed Countries: A Theoretical Approach", *Money & Monetary Policy in Less Developed Countries*, 13(2), 1980.

(32) Gale, D. & Allen, F, "Bubbles and Crises", *The Economic Journal*, 110(460), 2000.

(33) Gertler, M. & Karadi, P. , "A Model of Unconventional Monetary Policy", *Journal of Monetary Economics*, 58 (1), 2011.

(34) Goldsmith, R. W. , *Financial Structure and Development*, Yale University Press, 1969:211—246.

(35) Grauwe, D. , "Top-down Versus Bottom-up Macroeconomics", *CESifo Economic Studies*, 56(4), 2010.

(36) Greenwood, J. & Jovanovic, B. , "Financial Development, Growth and the Distribution of Income", *Journal of Political Economy*, 98, 1990.

(37) Greenwood, J. & Smith, B.D. , "Financial Markets in Development and the Development of Financial Markets", *Jour-*

nal of Economic Dynamics and Control, 21(1), 1997.

(38) Gregorio, J. D. & Kim, S. J, "Credit Markets with Differences in Abilities: Education, Distribution and Growth", *International Economic Review*, 41(3), 2010.

(39) Groshen, E. L. & Potter, S, "Has Structural Change Contributed to A Jobless Recovery?", *Current Issues in Economics & Finance*, 9(8), 2003.

(40) Hansen, B. E. & Seo, B., "Testing for Two-regime Threshold Cointegration in Vector Error-correction Models", *Journal of Econometrics*, 110(2), 2002.

(41) Hansen, B. E., "Threshold Effects in Non-dynamic Panels: Estimation, Testing and Inference", *Journal of Econometrics*, 93(2), 1999.

(42) Harrod, R., "An Essay in Dynamic Theory", *Economic Journal*, 49, 1939.

(43) Hellman, T. F., Murdock, K. C. & Stiglitz, J. E., "Liberalization, Moral Hazard in Banking, and Prudential Regulation: Are Capital Requirements Enough?", *American Economic Review*, 90(1), 2000.

(44) Hicks, U. K., "Economic and Financial Problems of Metropolitan Areas", *Zeitschrift Für Nationalökonomie*, 29(1—2), 1969.

(45) Hodrick, R. J. & Prescott, E. C., "Post-War U. S. Business Cycles: An Empirical Investigation", *Social Science Electronic Publishing*, 29(1), 1997.

(46) Jaffe, A. B., "Technological Opportunity and Spillovers of R&D: Evidence from Firm's Patents, Profits and Mar-

ket Value", *The American Economic Review*, 76(5), 1986.

(47) Jaffe, A.B., "Real Effects of Academic Research", *American Economic Review*, 79(5), 1989.

(48) Jaffe, A.B., Trajtenberg, M. & Henderson, R., "Geographic Localization of Knowledge Spillovers as Evidenced by Patent Citations", *Quarterly Journal of Economics*, 108(3), 1993.

(49) Jagric, T., "Measuring Business Cycles: the Case of Slovenia", *Eastern European Economics*, 40(1), 2002.

(50) Kalman, R.E. & Bucy, R.S., "New Results in Linear Filtering and Prediction Theory", *Journal of Basic Engineering Transactions*, 83, 1961.

(51) Kalman, R.E., "A New Approach to Linear Filtering and Prediction Problems", *Journal of Basic Engineering Transactions*, 82, 1960.

(52) Kindleberger, C.P., "The Formation of Financial Centers: A Study in a Comparative Economic Theory", *Working Papers*, 5(4), 1973.

(53) King, R. & Levine, R., "Finance and Growth: Schumpeter Might Be Right(M)", *The World Bank*, 1993a.

(54) King, R. & Levine, R.G., "Finance, Entrepreneurship and Growth: Theory and Evidence", *Journal of Monetary Economics*, 32, 1993b.

(55) Krugman, P., *Geography and Trade*, Cambridge: The MIT Press, 1991.

(56) Kuttner & Kenneth, N., "Estimating Potential Output as a Latent Variable", *Journal of Business & Economic Statistics*,

12(3), 1994.

(57) Kydland, F.E. & Prescott, E.C., "Time to Build and Aggregate Fluctuations", *Econometrica*, 50(6), 1982.

(58) Law, S.H. & Singh, N., "Does Too Much Finance Harm Economic Growth?", *Journal of Banking & Finance*, 41(1), 2014.

(59) Laxton, D. & Tetlow, R., "A Simple Multivariate Filter for Estimating Potential Output", *IMF Working Papers*, 10(285), 1992

(60) Levine, R., "Financial Development and Economic Growth: Views and Agenda", *Social Science Electronic Publishing*, 35(2), 1997.

(61) Lucas, R., "Expectations and the Neutrality of Money", *Journal of Economic Theory*, 4(2), 1972.

(62) Lucas, R., "On the Mechanics of Economic Development", *Journal of Monetary Economic*, 22(1), 1988.

(63) Melolinna, M. & Toth, Mate, "Output Gaps, Inflation and Financial Cycles in the UK", *Empirical Economics*, 2, 2016.

(64) Modigliani & Miller, M.H., "The Cost of Capital, Corporation Finance and the Theory of Investment", *American Economic Review*, 49(4), 1958.

(65) Myrdal, G., "Economic Theory and Underdeveloped Regions", *Harper and Row*, 1957.

(66) Novales, A., Fernandez, D. & Ruiz, J., "Transitional Dynamics in Monetary Economies: Numerical Solutions", *Economic Growth*, Springer Berlin Heidelberg, 2009.

(67) Okun, A.M., "Potential GNP: it's Measurement and Significance", *Proceedings of the Business and Economics Statistics Section*, 1962.

(68) Pagano, M., "Financial Markets and Growth: An Overview", *European Economic Review*, 37, 1993.

(69) Patrick, H.T., "Financial Development and Economic Growth in Underdeveloped Countries", *Economic Development and Cultural Change*, 14(2), 1966.

(70) Phelps, E.S., "Studies in Macroeconomic Theory", *Volume 1: Employment and Inflation*, 1979.

(71) Porter, E.M., "Clusters and the New Economics of Competition", *Harvard Business Review*, 1998.

(72) Proietti, T., Musso, A. & Westermann, T., "Estimating Potential Output and the Output Gap for the Euro Area: a Model-Based Production Function Approach", *Empirical Economics*, 33(1), 2007.

(73) Raihan, S.M., Wen, Y., & Zeng, B., "Wavelet: A New Tool for Business Cycle Analysis", *Working Papers*, 2005.

(74) Rebelo, S., "Real Business Cycle Models: Past, Present and Future", *The Scandinavian Journal of Economics*, 107(2), 2005.

(75) Romer, P.M., "Endogenous Technological Chang", *NBER Working Papers*, 98, 1989.

(76) Romer, P.M., "Increasing Return and Long-run Growth", *Journal of Political Economy*, 94, 1986.

(77) Rudebusch, G.D., "Assessing Nominal Income Rules for Monetary Policy with Model and Data Uncertainty", *Eco-

nomic Journal, 112(479), 2010.

(78) Schumpeter, J.A., *The Theory of Economic Development*, Cambridge, MA: Harvard University Press, 1912.

(79) Singh, A., "Financial Liberalisation, Stockmarkets and Economic Development", *MPRA Paper*, 107(442), 1997.

(80) Stiglitz, J.E. & Weiss, A., *Asymmetric Information in Credit Markets and Its Implications for Macro-Economics*, Oxford Economic Papers, 44(4), 1992.

(81) Stiglitz, J.E., "Alternative Approaches to Macroeconomics", *National Bureau of Economic Research*, 1991.

(82) Tobin, J., "The Monetary Interpretation of History", *American Economic Review*, 55(3), 1965.

(83) Tsung, Wu. H. O., "Income Thresholds and Growth Convergence: A Panel Data Approach", *Manchester School*, 74(2), 2010.

(84) Uzawa, H., "Optimum Technical Change in An Aggregative Model of Economic Growth", *International Economic Review*, 6(1), 1965.

(85) Wicksell, K., *Interest and Prices*, Andesite Press, 1898.

(86) 安格斯·麦迪森:《世界经济千年史》,北京大学出版社2003年版。

(87) 白钦先:《以金融资源学说为基础的金融可持续发展理论和战略——理论研究的逻辑》,《金融经济学研究》2003年第18期。

(88) 白重恩,张琼:《中国经济增长潜力研究》,《新金融评论》2016年第5期。

（89）白重恩,张琼:《中国经济增长潜力预测:兼顾跨国生产率收敛与中国劳动力特征的供给侧分析》,《经济学报》2017年第4期。

（90）白重恩,张琼:《中国生产率估计及其波动分解》,《世界经济》2006年第12期。

（91）蔡昉:《理解中国经济发展的过去、现在和将来——基于一个贯通的增长理论框架》,《经济研究》2013年第11期。

（92）蔡昉:《认识中国经济的短期和长期视角》,《经济学动态》2013年第5期。

（93）陈昆亭,周炎,龚六堂:《信贷周期:中国经济1991～2010》,《国际金融研究》2011年第12期。

（94）邓向荣,刘文强:《金融集聚对产业结构升级作用的实证分析》,《南京社会科学》2013年第10期。

（95）龚强,张一林,林毅夫:《产业结构、风险特性与最优金融结构》,《经济研究》2014年第4期。

（96）郭晗,任保平:《结构变动、要素产出弹性与中国潜在经济增长率》,《数量经济技术经济研究》2014年第12期。

（97）郭红兵,陈平:《基于SVAR模型的中国产出缺口估计及评价》,《数量经济技术经济研究》2010年第5期。

（98）郭鹏辉,钱争鸣:《潜在产出、产出缺口与通货膨胀率关系研究》,《统计与信息论坛》2009年第24期。

（99）黄解宇,杨再斌:《金融集聚论:金融中心形成的理论与实践解析》,中国社会科学出版社2006年版。

（100）季益烽:《中国金融体系与经济增长——基于2001年—2010年中国数据的实证分析》,《现代管理科学》2014年第1期。

（101）姜巍,刘石成:《奥肯模型与中国实证(1978—2004)》,《统计与决策》2005年第24期。

(102) 劳拉詹南:《金融地理学:金融家的视角》,商务印书馆2001年版。

(103) 李晗,蒲晓红:《奥肯定律在中国的适用性分析》,《商业研究》2009年第6期。

(104) 李鹏飞,张杰,周晓艳:《中国季度潜在产出与产出缺口的再估算——基于不可观测成分模型的贝叶斯方法》,《数量经济技术经济研究》2012年第10期。

(105) 李晓琴,樊茂清,任若恩:《中国投入产出可比序列表构建及全行业潜在产出水平估计》,《中国软科学》2010年第S1期。

(106) 梁琦:《空间经济:集聚、贸易与产业地理》,科学出版社2014年版。

(107) 林毅夫,孙希芳,姜烨:《经济发展中的最优金融结构理论初探》,《经济研究》2009年第8期。

(108) 林毅夫,徐立新,寇宏,周叶菁,裴思纬:《金融结构与经济发展相关性的最新研究进展》,《金融监管研究》2012年第3期。

(109) 林毅夫,章奇,刘明兴:《金融结构与经济增长:以制造业为例》,《世界经济》2013年第1期。

(110) 刘兰凤,袁申国:《中国经济金融加速器效应的DSGE模型分析》,《南方经济》2012年第8期。

(111) 刘元春,杨丹丹:《金融危机后产出缺口理论的回顾、反思与最新进展》,《中国人民大学学报》2016年第3期。

(112) 刘元春,杨丹丹:《市场失灵、金融危机与现有潜在产出测算的局限》,《经济学动态》2016年第8期。

(113) 娄峰:《中国产出缺口测度、比较及稳健性分析》,《当代财经》2015年第11期。

(114) 陆旸,蔡昉:《从人口红利到改革红利:基于中国潜在增长率的模拟》,《世界经济》2016年第1期。

(115) 陆旸,蔡昉:《调整人口政策对中国长期潜在增长率的影响》,《劳动经济研究》2013年第1期。

(116) 陆旸,蔡昉:《人口结构变化对潜在增长率的影响:中国和日本的比较》,《世界经济》2014年第1期。

(117) 罗纳德·I.麦金农:《经济发展中的货币与资本》,三联书店上海分店1997年版。

(118) 潘英丽:《论金融中心形成的微观基础——金融机构的空间聚集》,《上海财经大学学报》2003年第5期。

(119) 彭文生,张文朗:《金融周期见顶带来经济周期"类滞胀"——2017年宏观经济展望》,《新金融》2017年第2期。

(120) 彭俞超,朱映惠,顾雷雷:《金融发展对经济增长影响的结构效应——基于Meta回归分析方法》,《南开经济研究》2017年第5期。

(121) 齐稚平,刘广伟:《泰勒规则在中国的实证检验》,《统计与决策》2007年第3期。

(122) 任保平,段雨晨:《新常态下中国经济增长的长期趋势与短期机制》,《学术研究》2017年第1期。

(123) 任保平,周志龙:《新常态下以工业化逻辑开发中国经济增长的潜力》,《社会科学研究》2015年第2期。

(124) 任保平:《供给侧结构性改革促进中国经济增长的路径与政策转型》,《黑龙江社会科学》2017年第1期。

(125) 邵汉华:《金融结构与经济增长的非线性门槛效应:基于最优金融结构的视角》,《审计与经济研究》2018年第3期。

(126) 石柱鲜,孙皓,王婷:《中、日、韩潜在产出的估计与比较分析》,《东北亚论坛》2008年第17期。

(127) 苏建军,徐璋勇:《金融发展、产业结构升级与经济增长——理论与经验研究》,《工业技术经济》2014年第2期。

(128) 孙辉,李宏瑾:《基于生产函数法的省级产出缺口估计及其与通胀的关系》,《金融与经济》2012 年第 8 期。

(129) 汤铎铎:《三种频率选择滤波及其在中国的应用》,《数量经济技术经济研究》2007 年第 9 期。

(130) 唐诗磊,谭琦:《中国产出缺口:基于小型 DSGE 模型的测算》,《现代管理科学》2013 年第 4 期。

(131) 王艾青,安立仁:《中国潜在经济增长率的估计》,《统计与信息论坛》2008 年第 7 期。

(132) 王国静,田国强:《金融冲击和中国经济波动》,《经济研究》2014 年第 3 期。

(133) 王立勇:《东北三省 R&D 投入对潜在产出贡献率的比较研究——基于面板数据的经验分析》,《中国软科学》2008 年第 4 期。

(134) 王曼怡,赵婕伶:《金融集聚影响京津冀产业结构升级研究》,《国际经济合作》2016 年第 5 期。

(135) 魏杰,汪浩:《结构红利和改革红利:当前中国经济增长潜力探究》,《社会科学研究》2016 年第 1 期。

(136) 肖·爱德华:《经济发展中的金融深化》,三联书店上海分店 1988 年版。

(137) 谢太峰,王子博:《中国经济周期拐点预测——基于潜在经济增长率与经验判断》,《国际金融研究》2013 年第 1 期。

(138) 徐徕:《基于金融中性潜在产出模型的中国增长潜力研究》,《工业技术经济》2018 年第 10 期。

(139) 徐徕:《金融发展提升中国经济增长潜力的政策研究》,《管理现代化》2018 年第 6 期。

(140) 徐翔:《人口老龄化背景下的长期经济增长潜力研究》,《金融研究》2017 年第 6 期。

(141) 许召元:《中国的潜在产出、产出缺口及产量——通货膨胀交替关系——基于"Kalman 滤波"方法的研究》,《数量经济技术经济研究》2005 年第 12 期。

(142) 闫斐:《金融结构是否存在对经济增长的"非线性"影响——基于 GMM 对跨国面板样本的经验检验》,《财贸研究》2017 年第 10 期。

(143) 杨国中,李宏瑾:《基于生产函数法的潜在产出估计、产出缺口及与通货膨胀的关系:1978~2009》,《金融研究》2011 年第 3 期。

(144) 杨旭,李隽,王哲昊:《对我国潜在经济增长率的测算——基于二元结构奥肯定律的实证分析》,《数量经济技术经济研究》2007 年第 10 期。

(145) 叶德珠,曾繁清:《金融结构适宜性与经济增长》,《经济学家》2018 年第 4 期。

(146) 殷德生,徐徕,吴虹仪:《中国经济潜在增长率的估计、变化特征及其逻辑》,《上海经济研究》2017 年第 12 期。

(147) 殷德生:《经济转型中的潜在增长率变化与新一轮"开放促改革"的突破口》,《华东师范大学学报(哲学社会科学版)》2014 年第 5 期。

(148) 尹雷,赫国胜:《金融结构与经济发展:最优金融结构存在吗?——基于跨国面板数据的 GMM 估计》,《上海金融》2014 年第 2 期。

(149) 于斌斌:《金融集聚促进了产业结构升级吗:空间溢出的视角——基于中国城市动态空间面板模型的分析》,《国际金融研究》2017 年第 2 期。

(150) 于洪菲,田依民:《中国 1978—2011 年潜在产出和产出缺口的再估算——基于不同生产函数方法》,《财经科学》2013 年第 5 期。

(151) 袁吉伟:《基于 SVAR 模型的我国产出缺口实证研究》,《山东工商学院学报》2013 年第 4 期。

(152) 袁靖:《基于新凯恩斯 DSGE 模型对中国产出缺口的估计》,《金融理论探索》2013 年第 1 期。

(153) 约翰·希克斯:《经济史理论》,商务印书馆 1987 年版。

(154) 张成思,刘贯春:《经济增长进程中金融结构的边际效应演化分析》,《经济研究》2015 年第 12 期。

(155) 张成思,刘贯春:《最优金融结构的存在性、动态特征及经济增长效应》,《管理世界》2016 年第 1 期。

(156) 张成思:《基于多变量动态模型的产出缺口估算》,《统计研究》2009 年第 7 期。

(157) 张建平:《最优金融结构与金融结构缺口研究》,《吉林金融研究》2015 年第 1 期。

(158) 张军,吴桂英,张吉鹏:《中国省级物质资本存量估算:1952—2000》,《经济研究》2004 年第 10 期。

(159) 张连城,韩蓓:《中国潜在经济增长率分析——HP 滤波平滑参数的选择及应用》,《经济与管理研究》2009 年第 3 期。

(160) 张萌:《菲利普斯曲线的实用性研究——基于中国 1978—2010 年的数据》,《新西部》2011 年第 5 期。

(161) 赵留彦:《供给、需求与中国宏观经济波动》,《财贸经济》2008 年第 3 期。

(162) 赵留彦:《中国核心通胀率与产出缺口经验分析》,《经济学(季刊)》2006 年第 5 期。

(163) 赵婉好,王立国:《中国产业结构转型升级与金融支持政策——基于美国和德国的经验借鉴》,《社会科学文摘》2016 年第 5 期。

(164) 赵昕东:《基于 SVAR 模型的中国产出缺口估计与应用》,《经济评论》2008 年第 6 期。

(165) 仲崇文,吴甦,于洪菲:《基于总需求总供给均衡理论的中国潜在产出实证研究》,《价格理论与实践》2013 年第12 期。

后　记

　　本书是基于博士论文修订而成，在书稿的整理过程中又让我回忆起读博的点点滴滴。六年的博士生涯于我而言是一段难以忘怀的时光，它不仅是我深刻体验博士生活的岁月，更是深深烙进我生命并融于未来生活的印记。曾经我多少次希望自己的毕业论文能快点写到致谢部分，当这一刻终于到来，才觉自己文字疏薄浅陋。

　　本书的出版首先需要感谢的当然是我的恩师殷德生教授。如果不是您招我为学生，让我有机会攻读博士学位，此生我都不会了解读博究竟为何；如果不是您不断地激励我，我永远都不会明白压力和动力之间该如何平衡互制；如果不是您对我的耐心指点，使我在学海中寻到方向、辨清道路，我的论文万万不可能完成，更不要说出版了。您对学术的热忱追求、对研究的严谨精进永远是我学习的目标。"感谢师恩"仅是四字，学生将用一生来铭记、践行。

　　其次，我必须感谢经管学部黄泽民教授、冯文伟教授、蓝发钦教授、吴信如教授等老师，你们对经济学的高深见解助我塑造学术思维轮廓。感谢徐遥琴老师在论文后期答辩工作中的帮助。感谢刘晨阳、钱志权、程果、崔晋华、张艳红、肖雄等同学的帮助，博士生涯中能遇到你们是我莫大的幸运。

　　最后，必须感谢我的家人和朋友。感恩父母、公婆拖着年迈的身体帮我照顾小家，悉心照拂我的女儿，让我安心学习、工作。每每独自伏于案头，学习、工作遇到困难，一想到你们我便有了继续前行的动力。感谢我的爱人，从读博到工作，你全心全意支持我。只因你努力工作、不断奋斗、持久地支持我，才让我可以安心读书、工作，无后顾之忧；只因你宽厚包容，才让我每每遇到困难、沮丧低沉时得到排解，助我走出情绪低谷；只因你对责任的默默承担，才让我明白生命的意义何在。我还要特别感谢我的女儿。博士生涯的最大意外就是女儿的出生，你打乱了我的生活节奏，颠覆了我对生活的期待。曾经的我只是肤浅地认为学业与家庭是简单的线性加总，是你让我明白这两者之间交错互织，若贪心急于两者兼得实属妄想。但也正是你的出现，我才明白如此应接不暇、心力交瘁才是生活之本来面目。生活需要我承担的责任因你而更加清晰，我读博的脚步才会坚定无比。另外家中其他亲人对我的百般照拂也是我前行道路上不可或缺的动力，尤其是我的姐姐教我为人处世道理，为我指点迷津。更要感谢我的两位挚友吴芳芳和刘怡然，遇到你们实属我三生有幸。当然还要感谢文字和音乐，当我被压力逼得去无可去之时总有你们还在等我。尤其必须感谢的还有上海社会科学院世界经济研究所对本书出版的慷慨资助。

感谢生活让我有机会品尝各种滋味，这是我人生的宝贵财富。生活中的酸甜苦辣都需要深刻耕耘方有资格品尝一二，未来我仍将努力前行、保持初心。本书凝结着太多人的心血，但仍难免存在纰漏错误之处，这自然都由本人承担，恳请各位学者批评指正。

徐 徕

2022 年 2 月 14 日

华师大剑川路 14 号公寓

图书在版编目(CIP)数据

金融发展影响中国经济潜在增长率的机制、效应及政策研究 / 徐徕著. — 上海：上海社会科学院出版社，2022
 ISBN 978-7-5520-3906-1

Ⅰ.①金… Ⅱ.①徐… Ⅲ.①金融业—经济发展—影响—中国经济—研究 Ⅳ.①F12

中国版本图书馆 CIP 数据核字(2022)第 131612 号

金融发展影响中国经济潜在增长率的机制、效应及政策研究

著　　者：徐　徕
责任编辑：王　勤
封面设计：翟爱玲　陈雨薇
出版发行：上海社会科学院出版社
　　　　　上海顺昌路 622 号　邮编 200025
　　　　　电话总机 021 - 63315947　销售热线 021 - 53063735
　　　　　http://www.sassp.cn　E-mail：sassp@sassp.cn
照　　排：南京理工出版信息技术有限公司
印　　刷：上海颛辉印刷厂有限公司
开　　本：890 毫米×1240 毫米　1/32
印　　张：6.75
字　　数：154 千
版　　次：2022 年 9 月第 1 版　2022 年 9 月第 1 次印刷

ISBN 978-7-5520-3906-1/F·707　　　　　　　　　　定价：49.80 元

版权所有　翻印必究